Josef Rübsam

Heinrich V von Weilnau - Fürstabt von Fulda

Josef Rübsam

Heinrich V von Weilnau - Fürstabt von Fulda

ISBN/EAN: 9783743374393

Hergestellt in Europa, USA, Kanada, Australien, Japan

Cover: Foto ©ninafisch / pixelio.de

Manufactured and distributed by brebook publishing software
(www.brebook.com)

Josef Rübsam

Heinrich V von Weilnau - Fürstabt von Fulda

Heinrich V von Weilnau,

Fürstabt von Fulda

(1288—1313)

nebst

einem Rückblick auf die

kirchen- und staatsrechtliche Stellung

der

exemten und reichsunmittelbaren

Abtei Fulda.

———

Erster Theil.

Kirchen- und staatsrechtliche Stellung

der

exemten und reichsunmittelbaren

Abtei Fulda

von

Dr. Josef Rübsam.

Fulda.

Verlag von A. Maier.

1879.

DEM ANDENKEN STURMI'S GEWIDMET.

Vorwort.

Nachstehende Abhandlung bildet den ersten Theil einer grösseren Arbeit über den Fuldaischen Fürstabt Heinrich V von Weilnau, dessen Regierung einen epochemachenden Wendepunkt in der Geschichte der Abtei Fulda bezeichnet. Mag auch seine Bedeutung nicht der Marquards (1150—1165), des zweiten Begründers des Hochstifts, gleichkommen, so war doch Heinrich V einer der hervorragendsten Kirchenfürsten, welche den Stab Sturmi's je geführt haben. Heinrich V griff in die Geschicke des Hochstifts auf das nachhaltigste ein und hat auch im Dienste des Reiches, wie so viele seiner Vorgänger, Spuren ruhmvollster Thätigkeit hinterlassen.

Folgende Ausführungen bezwecken zunächst nur einen gedrängten Ueberblick über die Verfassung der Abtei Fulda zur Zeit Heinrich V. Habe ich dabei etwas weiter ausgeholt und die grosse Vergangenheit des Hochstifts nach ihrer kirchen- und staatsrechtlichen Seite hin in knappen Umrissen vorzuführen versucht, so dürfte damit manchem meiner Landsleute, welcher die Fuldaische Geschichte nur aus Müntzer, Brower und Schannat kennt, ein Dienst erwiesen, und vielleicht auch Fachmännern eine willkommene Orientirung über die Verfassung der hochberühmten Abtei geboten sein.

Auf die Fuldaer Historiographen* wurde nur dann

* Im zweiten Theile wird auf die Fuldaischen Geschichtschreiber Müntzer, Brower und Schannat und auf die urkundlichen Quellen eingegangen werden. Das „Breviarium Fuldense" (geht bis 1479), welches man einem gewissen frater Cornelius zuschrieb, ist eine erst nach Brower entstandene Fälschung.

recurrirt, wenn sich sonst beglaubigte Nachrichten nicht vòr-
fanden. Die Darstellung beruht daher vorzugsweise auf u r k u n d -
lichem Material und auf den in den Monumenta Germaniae und den neuesten Quelleneditionen zerstreuten, oft
nòch ganz unbeachtet gebliebenen Berichten. Auch habe ich
manches höchst wichtige unedirte Actenstück
herangezogen.

Ich lege meine Erstlingsarbeit in aller Ehrfurcht am
Altare unseres grossen Stiftsheiligen nieder, des
Abtes Sturmi, dessen elfhundertjähriges Jubiläum
demnächst wird begangen werden.

Beim Abschlusse meiner ersten grösseren Arbeit drängt es
mich, meinem hochverehrten Lehrer, dem Herrn Professor
Arndt in Leipzig, an dessen historischen Uebungen längere
Zeit theilzunehmen mir vergönnt war, und unter dessen
steter Anregung und freundlicher Unterstützung nachstehende
Forschungen entstanden sind, meinen besten Dank auszu-
sprechen.

Fulda, am 12. März, dem Gründungstage des Klosters
Fulda, 1879.

Inhaltsübersicht.

Abkürzungen:

D. Dronke, codex diplomaticus Fuldensis, Cassel 1850.
SS. Monumenta Germaniae historica, scriptores.
LL. Monumenta Germaniae historica, leges.
OU. in M. Originalurkunde in Marburg.
CU. in M. Copialurkunde in Marburg.
B. Fuldensium antiquitatum libri IV autore Ch. Browero, Antverpiae 1612.
S. T. J. F. Schannat, corpus traditionum Fuldensium, Lipsiae 1724.
S. C —————— Fuldischer Lehnhof, sive de clientela Fuldensi benefi-
    ciaria, Frankfurt 1726.
S. D. —————— dioecesis et hierarchia Fuldensis, Frankfurt 1727.
S. H. (I bz. II) —————— historia Fuldensis, partes duae, Frankfurt 1729.

I.

Mit der zweiten Hälfte des dreizehnten Jahrhunderts war über das Hochstift Fulda eine Zeit schwerer Noth hereingebrochen. Der schmerzliche Uebergangsprocess, den damals das Reich durchzumachen hatte, sollte der Abtei nicht erspart bleiben. Die während des Interregnums in Raub- und Rauflust verkommene nach Reichsunmittelbarkeit strebende Buchische Ritterschaft[1] trieb in den Landen des Stiftes mit beispielloser Frechheit ihr Unwesen und bebte selbst vor der Ermordung ihres Lehnsherrn am Altare nicht zurück.[2] Zwar war die Rache dem Verbrechen auf dem Fusse gefolgt, und die Rädelsführer auf Befehl Rudolfs zu Frankfurt hingerichtet worden; doch immer von Neuem erhob der verwilderte Stiftsadel sein Haupt, und endlose Fehden verwüsteten das Land. Die Einkünfte des Klosters, die damals noch meist in Naturalleistungen bestanden, flossen spärlich, die Inhaber der fern von dem Hauptlande der Kirche gelegenen Lehnsgüter hatten ihre Verpflichtungen vergessen, ein bedeutender Theil des Stiftsgutes war verpfändet oder im Besitze habgieriger Vasallen: alle Hilfsquellen der Abtei waren auf's Aeusserste erschöpft.

In dieser Zeit der Bedrängniss hätte es eines kräftigen Regenten bedurft, um dem abwärts treibenden Geschicke des Hochstiftes Einhalt zu gebieten. Doch Berthous III von Mackenzell (1271—74) einzige That war die Bestrafung der Mörder seines Vorgängers. Im Uebrigen war er ein unfähiger Mann und ohne Sinn für Regierungsgeschäfte. Umsonst gemahnten ihn die Conventualen an seine Pflicht. Selbst die päpstliche Confirmation innerhalb der gesetzlichen Frist einzuholen hatte er versäumt. Als damit seine Wahl hinfällig ward,

---

[1] Vergl. E. Thomas, Sistem aller Fuldaischen Privatrechte I, 32 u. 86. Dass die Buchische Ritterschaft noch im 17. Jahrhundert dem Stifte untergeben war, ist zweifellos. S. H. II, no. no. 279. 280 etc.

[2] S. H. II, no. 94.

1

und der Convent ihn zur freiwilligen Abdankung nicht zu bewegen vermochte, wandten sich die Klosterinsassen mit einer Klage nach Rom. Berthous III erbittert durch das Vorgehen seines Capitels legte nun zwar sein Amt nieder, übertrug aber ganz eigenmächtig und zur grössten Ueberraschung der Conventualen die Abtei mit ihren Städten und Burgen dem Erzbischofe Werner von Mainz, der als „provisor Fuldensis ecclesiae"[3], wie Schannat annimmt, mit nachträglicher Genehmigung des Papstes Gregor X[4] auf kurze Zeit die Verwaltung führte, jedoch bereits nach zwei Jahren, um allen Verwickelungen im Voraus aus dem Wege zu gehen, freiwillig resignirte.

Die Wirren der letzten Jahre und die dem Hochstifte durch die Verwaltung des Mainzers wiederfahrene Demüthigung scheint nicht ohne Einfluss auf die Einmüthigkeit der Wahl des nun folgenden Abtes gewesen zu sein. Berthous IV von Bimbach (1274—86) wandte nach seiner Rückkehr vom Lyoner Concil, woselbst er sich vom Papste Gregor X hatte bestätigen lassen, seine ganze Wirksamkeit den arg zerrütteten Stiftslanden zu. Er brach die Burgen und Schlösser seiner von Neuem rebellirenden Ritterschaft und hat selbst den Stammsitz seiner Ahnen nicht verschont.

Das leidige Raubwesen war mit der Wurzel ausgerottet. Doch hatte der Abt den Hass des von ihm mit den Waffen niedergeworfenen und seiner Lehen verlustig erklärten Stiftsadels auf sich geladen. Zu erneutem Aufruhre fühlte man sich zu ohnmächtig und von einem Mordanfall auf den Lehnsherrn mochte man im Hinblick auf die Strafe, welche die Mörder Berthous II ereilt hatte, zurückschrecken. Man nahm seine Zuflucht zur Intrigue und Verläumdung; und bald sollte der unter der Asche fortglühende Funko zu hellen Flammen angefacht werden.

Nach Herstellung der äusseren Ruhe wirkte Berthous IV nach Kräften für die Hebung der Einnahmequellen des Stiftes. Schon 1279 konnte er die Vogtei in Fulda,[5] welche Graf Ludwig von Ziegenhain vom Abte zu Lehen trug, für 400 Mark an das Stift zurückbringen. Einige Jahre vorher war auch die Burg Bickenbach durch seine Bemühungen wiedergewonnen worden. Trotz aller Bedrängniss hielt er die Rechte seiner Kirche aufrecht, wie er auch

[3] S. II. II, no. 95.
[4] S. II. I, 204.
[5] Advocatia in Fulda tam intra civitatem quam extra a nobis et ab ecclesia nostra in foedo descendens. S. C. no. 49.

die ihm unterstellten Klöster gegen die Uebergriffe der umwohnenden Dynasten mit hingebender Sorge schirmte. Im Frühjahre 1282 waren durch Vermittlung Rudolfs Streitigkeiten zwischen dem Abte und dem Würzburger, die leicht zu bedenklichem Kampfe hätten ausarten können, friedlich geschlichtet worden.[6] Da wurde der Abt durch einen unberechtigten Eingriff des Reiches in die Verwaltung der Abtei an der Weiterführung seines segensreichen Wirkens gestört.

Nicht wenig mag Berthous überrascht gewesen sein, als ihn eine königliche Vorladung nach Mainz rief. Schwere Anklagen waren gegen seine Amtsführung beim Könige erhoben worden. Behaupteten doch seine Widersacher, das Hochstift sei in einer Weise verarmt, dass es seinem Verfall in Kurzem entgegengehe, wenn nicht schleunigst von Reichs wegen geholfen würde. Alle Schuld hatte man verläumderisch auf die Schultern des Abtes gewälzt. Doch wie sehr auch das Hochstift zerrüttet sein mochte: es war dies nicht etwa auf Rechnung der schlechten Verwaltung zu setzen, sondern lediglich eine Folge der in diesen stürmisch bewegten Zeiten zum Selbstschutze nöthigen Ausgaben. Einige in Ruhe und Frieden verlebte Jahre hätten genügt, und die Abtei würde sich unter Berthous IV thatkräftiger Regierung aus eigener Kraft wieder erhoben haben. Doch war sein Sturz bereits entschieden, ehe er nach Mainz kam. Seine Gegner, die mit der Wucht des Schwertes niedergehaltenen und gedemüthigten Vasallen, hatten schon vorher die Stellung des Abtes beim Reichsoberhaupte zu untergraben gewusst[7]. Nur zu leichtgläubig schenkte Rudolf den verläumderischen Einflüsterungen des Stiftsadels, welcher den Abt für die traurige Lage des Landes verantwortlich machte, Gehör und war schwach genug einen um das Stift hochverdienten Mann einer Partei zu opfern, die am Hofe die Oberhand gewonnen hatte. Was blieb dem Abte, gegen den sich alles erhob, und der selbst von seinen Verwandten, deren Raubschloss er zerstört, im Stiche gelassen wurde, anders übrig, als sich ins Unvermeidliche zu fügen[8] und die Verwaltung der Abtei in die Hände des vom Könige vorgeschlagenen Grafen Eber-

[6] S. H. II, no. no. 97. 98.

[7] In verblümter Weise deutet dies auch das Diplom Rudolfs, de administratione temporalium Fuld. ecclesiae D. no. 842 an: Clamor populi validus variis et diversis querelis aures nostras inebrians ad audientiam nostram perduxit etc.

[8] Sehr bezeichnend bemerkt B. 315: Omnium ordinum Buchoniae crebra iuxta ac severa oratione consilioque flexus, oeconomiam et ecclesiae fortunas Rudolfo regi moderanda concessit in sexennium.

hard von Katzenelnbogen übergehen zu lassen? Mit gebrochenem Herzen unterzeichnete er die Urkunde, die ihn, den Fürsten des Reiches, von seiner Höhe herabstürzte.

Berthous IV zwar nicht formell seiner Würde entsetzt, aber doch zur politischen Bedeutungslosigkeit verurtheilt, musste sein und seines Conventes Amtssiegel dem königlichen Administrator ausliefern. Dieser sollte darüber wachen, dass der Abt nichts von den Besitzungen des Stiftes zum Nachtheile der Kirche verpfände oder veräussere. Natürlich konnte sich der königliche Commissarius für alle ihm etwa bei der Verwaltung der Abtei erwachsenden Nachtheile aus dem Kirchengute entschädigen. Die Vasallen und Ministerialen des Hochstifts schwuren in Gegenwart des Kaisers und Abtes dem Grafen von Katzenelnbogen für die sechsjährige Dauer der königlichen Verwaltung Treue und Gehorsam, und es wurden die Burgen und Schlösser des Stiftes unter sie vertheilt, wobei gewiss die Widersacher des Abtes, die ihrer Lehen wegen Felonie verlustig erklärten Stiftsleute, nicht leer ausgegangen sind.

Der Schlag, welcher durch die Verfügung Rudolfs [9] gegen die Abtei geführt wurde, lässt sich in keiner Weise rechtfertigen. Allerdings stand es dem Reichsoberhaupte, als oberstem Schirmherrn der Kirche zu, die weltliche Verwaltung eines Stifts, wenn der Vorsteher desselben sich dazu unfähig erwiesen hatte, selbst in die Hand zu nehmen. Doch hatte Berthous alles gethan, was seine Pflicht von ihm forderte. In Zeiten grösster Noth hatte er sein Land musterhaft verwaltet und geschirmt; und wenn seine Thätigkeit vielfach auf Widerstand stiess und nicht immer von sichtlichen Erfolgen beglückt war, so war dies gerade auf Rechnung derjenigen zu setzen, die ihn in schnödester Weise beim Könige verkleinert hatten. Dass Rudolf sich auf eine eingehendere Prüfung der wider Berthous vorgebrachten Anklagen nicht einliess, mag übrigens auch darin seinen Grund gehabt haben, dass er die sich ihm darbietende Gelegenheit, seinen getreuen Diener Eberhard von Katzenelnbogen durch Uebertragung einer Abtei auf wohlfeile Weise zu belohnen, nicht unbenutzt lassen wollte. [10]

---

[9] D. no. 842.

[10] Nach S. II. I, 206 hätte Rudolf beim Abte um die Verleihung der „damals" erledigten Burgauer Lehen für seinen Sohn Albrecht nachgesucht. Durch eine abschlägige Antwort erbittert, habe er zuerst im Geheimen gegen den Abt agitirt, und da er damit nichts ausgerichtet, sich nicht gescheut Gewalt anzuwenden. Die Beseitigung des Abtes sei ein Act schnöder Rache Rudolfs. — Den Gewaltstreich Rudolfs gegen Fulda mit der Verweigerung der Burgauischen Lehen zu-

Wie es indess mit dér durch die königliche Verwaltung anzu-
strebenden Reform des Hochstifts bestellt gewesen, darüber sind alle
Stimmen einig. [11] Blieb auch die äussere Ruhe bewahrt, wurde auch
nichts von den Gütern der Kirche verpfändet oder verkauft, so geschah
doch von Seiten der weltlichen Administratoren Eberhard von Katzenelnbogen, Berthold von Liebsberg und Nikolaus von Scharfenstein,
welche in rascher Folge wechselten und meist ausser Landes waren,
nicht das Geringste, was die von ihrer glanzvollen Höhe tief gesunkene
Reichsabtei wieder zu Ruhm und Ansehen hätte bringen können.
Sie liessen die Dinge ihren Lauf gehen und kümmerten sich weniger
um die Hebung der Finanzen des Klosters, als um die Wahrung
ihrer eigenen Juteressen.

Dass damals auch eine geistliche Reform der Kirche Fulda
nothwendig gewesen, ist gewiss. Der ständige Waffenlärm und die
Parteileidenschaft, die bei den verwandtschaftlichen Beziehungen der
Conventualen mit der umwohnenden Ritterschaft auch innerhalb der
Klostermäuern sich geltend machte, mussten auf Disciplin und Cultus
in hohem Grade verderblich wirken. Wenn man den Abt bei dem
Werke der geistigen Erneuerung des Klosters von Reichs wegen
wirklich im Ernste zu unterstützen gedachte, so würde dies alle
Anerkennung verdienen. Indess erscheint die Erwähnung der furiosa
crimina, sowie der ganze auf die geistliche Reform des Stiftes be-
zügliche Passus der Urkunde bei ihrem Hauptinhalte höchst phari-
säisch, umsomehr als man den Abt vor den Conventualen in einer
Weise gedemüthigt hatte, die seine Autorität bei seinen Untergebenen
vollends zu untergraben geeignet war. Berthous IV mit einer kärg-
lich zugemessenen Gnadenpfründe auf den Petersberg verwiesen,
legte tiefgekränkt über das ihm widerfahrene Unrecht und schmerz-
lich bewegt über das ohne sein Verschulden über seine Lande
hereingebrochene Missgeschick sein Amt nieder, um es einem kräf-
tigern Arme zu übergeben.

sammenzubringen ist unstatthaft, weil das Burgauische Haus damals noch gar
nicht ausgestorben war, und demgemäss von einer Eröffnung dieser Schwäbischen
Lehen in dieser Zeit keine Rede sein kann. Erst 30 Jahre später fallen diese
Lehen dem Hause Habsburg zu. S. C. no. no. 8. 9. — Lichnowsky, Geschichte des
Hauses Habsburg II, CCXCVIII, no. XVI.

Dass der Papst gegen das eigenmächtige Vorgehen Rudolfs Protest eingelegt
hat, scheint mir in hohem Grade wahrscheinlich; allerdings hat sich ein diesbe-
zügliches Breve nicht erhalten, wie überhaupt über den päpstlichen Fulda betreffenden Urkunden aus damaliger Zeit ein seltsamer Unstern gewaltet zu haben scheint.

[11] Müntzer 147; Brower 99—100 und 315.

Der auf besonderen Wunsch des Cedenten erwählte Marquard II
von Bickenbach (1286—1288) hatte den Willen und auch die Kraft
das Hochstift auf dem Wege einer durchgreifenden Reform zu re-
generiren. Ein Mann von rastloser Thätigkeit, seiner schwierigen
Aufgabe sich wohl bewusst, durchdrungen vom Gefühle der Pflicht,
voll Eifer für die Wahrung der Rechte und des Ansehens seiner
Kirche, unnachsichtlich gegen alle, die sich seinen wohlgemeinten
Reformen widersetzten, vereinigte er die Eigenschaften eines ge-
wissenhaften Regenten und eifrigen Priesters. Schon begann sich
das Hochstift unter seiner organisatorischen Hand zu consolidiren,
als ungeahnt ein neues schweres Missgeschick die hart geprüfte
Kirche heimsuchte. Die unter Marquard I (1150—1165) am 22.
März[12] 1157 in Gegenwart des Kaisers Friedrich I von den Bischöfen Eberhard von Bamberg und Hermann von Verden einge-
weihte Klosterkirche brannte mit allen umliegenden Oratorien ab.[13]
Sofort betrieb der Abt den Neubau; da derselbe aber bei der
finanziellen Erschöpfung des Stiftes nur langsam fortschreiten wollte,
so wandte sich Marquard II an das von dem apostolischen Legaten,
Bischof Johann von Frascati (Tusculum), 1287 zu Würzburg veran-
staltete Nationalconcil um Unterstützung seines frommen Werkes
durch einen Ablassbrief.[14] Mitten in seiner segensreichen Wirksamkeit wurde der treffliche Mann nach kaum zweijähriger Regierung durch den Tod dahingerafft.[15]

Der entsetzliche Schlag, welcher die Kirche durch das Brand-
unglück betroffen, machte die Errungenschaften Marquard II wieder
zu Nichte; auch erhob die Ritterschaft wieder kühn ihr Haupt.[16]
Da trat zu einer Zeit, wo das Hochstift in sich selbst zu zerfallen

[12] Nicht, wie K. Arnd, (Geschichte des Hochstifts Fulda. 2te Auflage,
Frankfurt 1862) will, am 11. April=XI Kal. April.

[13] Nach einem gleichzeitigen von B. 126 und S. D. 60 abgedruckten Berichte der Klosterbewohner am 2. August 1286. Es war dies die 2te Stiftskirche·

[14] B. 127 hat die betreffende Urkunde gekürzt erhalten, und wird dieselbe
auszugsweise auch Cod. dipl. Saxoniae II, 1, 215, no. 277 mitgetheilt. — Arnd l. c.
spricht S. 75 von der Verleihung eines vollkommenen Ablasses, was abgesehen
von dem Wortlaute der Urkunde schon deshalb unmöglich ist, weil ein solcher
nur vom Papste ausgeschrieben werden kann.

[15] Der Tod dieses Abtes, der durch seine Strenge bei den Mönchen miss-
liebig geworden war, ist in mysteriöses Dunkel gehüllt. Vergl. B. 316. S. H. I, 209.

[16] S. H. I, 208. Hoc fatale incendium, quo campanae sunt resolutae, columnae
consumptae, nec non vasa et ornamenta sacra in cineres redacta sunt, excepit
haud diu post bellum intestinum a valida praedonum manu suscitatum,
cuius anceps eventus animos angebat omnium.

drohte, ein Mann an die Spitze, der seiner Aufgabe vollständig gewachsen, mit starker Hand die Zügel der Regierung ergriff. Nach Abhaltung der Exequien für den verstorbenen Abt Marquard II schritt man sofort zur Wahl, und vereinigten die Conventualen ihre Stimmen auf Heinrich von Weilnau. Wohl nicht ohne Absicht hatte diese ganz im Gegensatze zu ihrer seitherigen Praxis, einem Manne ihre Stimmen gegeben, dessen Hausmacht und verwandtschaftliche Beziehungen dafür bürgten, dass es dem Kloster an kräftigem Schutze nicht fehlen könne. Das Grafengeschlecht der Weilnauer, deren Namen von den Wetterauischen Schlössern und Städtchen Alten- und Neuenweilnau herrührt, eine Seitenlinie derer von Dietz, wetteiferte an Einfluss und Bedeutung mit den angesehensten Geschlechtern Deutschlands. Ich erwähne nur die diplomatisch-militärische Bedeutung des gleichnamigen Vaters unseres Abtes unter König Rudolf, [17] eines unbenannten Bruders des Abtes unter Albrecht [18] und seines gleichnamigen Vetters unter König Johann von Böhmen, [18a] und verweise auf den Umstand, dass drei seiner Brüder einflussreiche Pfründen in den angesehensten Kirchen des Reiches besassen, [19] und seine Schwester Aebtissin des Dietz'schen Klosters Gnadenthal war, [20] sowie auf die Verwandtschaft der Weilnauer mit den Dynasten von Trimberg, Minzenberg, Battenberg Bruneck, Frankenstein, Bickenbach, den Grafen von Henneberg Hanau, Katzenelnbogen, Nassau, Eppenstein und dem Herzoge Rudolf von Sachsen. [21] Die Verwandtschaft des Abtes mit dem Könige Adolf steht ausser allem Zweifel; denn Erzbischof Diether von Trier, ein Sohn Adolfs, nennt den Archidiaconus Hermann, einen Bruder des Abtes, ausdrücklich consanguineum suum. [22]

Was die Jugendzeit Heinrich V betrifft, wann und durch wessen Vermittlung er nach Fulda gekommen, darüber habe ich nichts sicheres ermitteln können; vielleicht hat er bereits zur Zeit als

---

[17] Böhmer, R. R. 644. 689. 752. 792 u. s. w. Vergl. auch von der Ropp Erzbischof Werner von Mainz, Regesten no. 74.

[18] Chronicon Samp. ed. Stübel p. 147.

[18a] S.C. no. 399. OU. in M. — Siehe auch Hontheim, Gesta Trev. Urk. vom 30. Jan. 1313. Diese in Trier ausgestellte Urkunde ist bei Böhmer addit. tert. p. 439 für das Itinerar Johanns unbeachtet geblieben.

[19] Ueber die Brüder des Abtes: OU. in Dresden no. 1321 noch ungedruckt; S. D. no. 263; S. C. no. 399.

[20] Wenck, Hessische Landesgeschichte I, 565—584.

[21] Urkundliche Belege bei Schannat.

[22] Hontheim II, 20. Vgl. auch Schliephake, Geschichte von Nassau II, 103.

Werner von Eppenstein, der Lehnsherr und Verwandte seines Vaters,
die Abtei verwaltete, im Kloster Aufnahme gefunden. Dass er aber
längere Zeit der Kirche angehört habe und daselbst eine einflussreiche Stellung eingenommen, das beweist der seit Ende der 70er
Jahre in den Zeugenreihen der Brüder an hervorragender Stelle
vorkommende „frater Henricus", den ich umsomehr für mit unserem
Abte identisch halten möchte, als in den ersten Jahren seiner Regierung dieser Name aus den Zeugenreihen völlig verschwunden ist.
Mit dieser Ansicht und der über die Zeit des Eintritts in das Kloster
Fulda ausgesprochenen Vermuthung steht keineswegs die Nachricht
Browers (p. 316) im Widerspruche, dass der Abt in der Blüthe seiner
Jahre zur Regierung gelangt sei, da die Söhne hochadeliger Fa-
milien oft schon in jungen Jahren in den Besitz ansehnlicher
Pfründen gelangten, wie auch Heinrich VI von Hohenberg, der
zweite Nachfolger unseres Abtes, in seinem 24. Jahre Abt von
Fulda wurde. [23]

[23] Vita Henrici ab Hohenberg, S. H. II, no. 133.

II.

Die Freiheit des nach Vorschrift der Benedic-
tinerregel zu vollziehenden Wahlactes war durch
kaiserliche[24] und päpstliche[25] Privilegien in vollstem
Masse garantirt. In früheren Zeiten haben die Ministerialen
der Fuldaischen Kirche auf die Wahl des Abtes oft bedeutenden
directen Einfluss ausgeübt.[26] Selbst Gewaltthätigkeiten bei der Wahl
scheinen nicht selten gewesen zu sein; denn päpstliche und kaiserliche Privilegien eifern dagegen.[27] Die Ministerialen des Hochstifts
erhoben noch in der Mitte des XII Jahrhunderts den Anspruch,
zu der von den Conventualen getroffenen Wahl ihre
Zustimmung zu geben, bz. einem missliebigen Candidaten gegenüber von vornherein Stellung zu nehmen.
So verlangen die Ministerialen, als man den neu zu erwählenden
Abt aus einem andern Kloster nehmen wollte, dass man ihnen die
Urkunde vorzeige, nach welcher dies gestattet sei; sie dringen ge-

---

[24] Im praeceptum Ludwigs des Frommen vom Jahre 816 heisst es:
Quando quidem . . abba vel successores eius de hac luce migraverint, quamdiu ipsi
monachi inter se tales invenire potuerint, qui ipsos monachos secundum regulam
regere valeant, per hanc nostram auctoritatem et consensum licentiam habeant eligendi abbates. D. no. 322.

[25] Privilegium Calixtus II aus dem Jahre 1122: Obeunte te nunc eiusdem
loci abbate vel tuorum quolibet successorum, nullus ibi qualibet surrep-
tionis astutia seu violentia praeponatur, nisi quem fratres communi consensu vel pars consilii sanioris secundum Dei timorem
et regulam b. Benedicti elegerint. D. no. 777.

[26] D. citirt p. 297 in Bezug auf die Wahl Ulrichs von Kemnaten 1122 aus einem
Fragment der uns verlorenen Klosterchronik unter anderem: Udalricum in abbatem nobis delegimus, quem, quia circa nos vir optimae conversationis, iustus,
propitius et atque benignus, communi consilio et auxilio cleri et populi domno
Calixto papae . . benedictionis causa Romam transmisimus.

[27] Noch 1142 schärfte Innocens II ein: Abbate obeunte nullus ibi qualibet
subreptionis astutia seu violentia praeponatur. D. no. 796.

führt von dem Grafen Gottfried, dem Advocaten der Kirche, während
der Wahlverhandlungen in das Kloster, und eifern im Hinweis auf
das Blut, das ihre Voreltern für die Rechte der Kirche vergossen,
gegen jeden auswärtigen Candidaten.[28] Der Papst wendet sich mit
Rücksicht auf den bestehenden Missbrauch in einem Schreiben, in
welchem er die gegen sein Verbot vollzogene Wahl für nichtig erklärt, auch an die Freien und Ministerialen der Kirche, die zur
Wahl beigetragen hatten.[29] Die Mönche bitten den Abt von Corvey
so lange im Kloster zu bleiben, bis die Laien die von ihnen getrof-
fene Wahl durch ihre Zustimmung bekräftigt hätten.[30] Lauter
Beweise für die damals noch üblich Theilnahme der Ministerialen
an dem Wahlacte.

Zu Heinrich V Zeit finden wir keine Spur mehr von einem
directen Einflusse der Stiftsleute auf die Wahl, und es wurde schon
durch die Constitutionen Friedrich II der letzte Rest desselben
beseitigt.[31] Damals haben nur noch die verwandtschaftlichen
Beziehungen der meist adeligen Conventualen mit
den Vasallen und Ministerialengeschlechtern diesen
eine Einwirkung auf die Wahl ermöglicht. Der Einfluss
der Kaiser auf die Wahl, der häufig ohne Rücksicht auf die
von ihnen selbst verbriefte Wahlfreiheit zum Nutzen, oft aber auch
zum grossen Nachtheil des Stiftes geübt wurde,[32] sollte zwar nach

[28] Wibald von Corvey in einem Briefe an den Papst Eugen III aus' dem
Jahre 1148. Jaffé I. no. 138.

[29] Eugenius III . . filiis monachis, liberis et ministerialibus Fuld. monasterii
salutem. Vos contra formam nostri mandati de vestro claustro abbatem (Rog-
gerum) eligere praesumpsistis . . ideoque quod super cius electione factum est,
auctoritate apostolica ,in irritum deducentes monachos et clericos ab obedientia
et laicos a fidelitate, quam ei fecisse noscuntur, absolvimus. Jaffé I, no. 85.

[30] Wibald an Eugen III: Procabantur fratres, ut manere vellemus, quoniam
quidem ipsi (monachi) abbatem elegissent, sed dilatio a laicis usque in crastinum
esset interposita, ut eorum electioni consentirent. Jaffé I, p. 221.

[31] Concedimus et sancimus, ut electiones praelatorum libero fiant
et canonice, quatenus ille praeficiatur ecclesiae viduatae, quem
totum capitulum vel maior et sanior pars ipsius duxerit eligendum, modo nihil obstet ei de canonicis institutis. Ad annum 1213. LL. II, 224.
Von einem kaiserlichen Vorbehalt im Sinne des Calixtinums ist bereits nicht mehr
die Rede.

[32] Egillulfus Herveldensis abba transmissus est ex parte imperatoris de
Italia, ut fratres Fuldenses Werinharium eligerent ad abbatem. Ad annum
968. Annal. Hildesheim SS. III, 62. — Lambert v. Hersfeld, ad annum 1075. SS·
V, 236. — Im Jahre 1071 waren dem Könige Heinrich IV für die damals ganz
zerrüttete Abtei 100 Pfd. Gold geboten worden: praeter occulta munera, quibus

dem pactum Calixtinum ganz wegfallen, bz. auf das Recht bei der Wahl durch einen Bevollmächtigten vertreten zu sein beschränkt werden, wurde jedoch erst ein Jahrhundert später unter Friedrich II vollständig beseitigt. [33] Ebensowenig finden wir zur Zeit Heinrich V irgend eine Spur von einer Geltendmachung des Spolienrechts bz. des Rechtes auf die Einkünfte der Abtei sede vacante. Hierauf hatten bereits Otto IV in seiner Capitulation von 1209, Friedrich II 1213, 1216 und 1219 und auch Rudolf von Habsburg 1274 Verzicht geleistet. [34]

Ueber die Vorgänge bei der Wahl Heinrich V sind wir auf die Nachricht Browers angewiesen, der zu Folge der Abt mit grosser Maiorität aus der Wahl hervorging. [35] Indess geben uns eine fast gleichzeitige Quelle [36] und Brower über den damals in Fulda üblichen Wahlmodus interessante Winke, welche umsomehr Beachtung verdienen, als es häufig bei der Wahl des Abtes nicht so glatt abging. [37] Der zur Wahl ersehene Termin musste allen Betheiligten

auriculariorum favor redimendus erat, regi centum pondo auri (promissa sunt), ut eiecto eximiae sanctitatis viro abbate Widerado .. etc. Lambert p. 186. — Ueber den heilsamen Druck, den Friedrich I 1150 bei seiner Anwesenheit in Fulda zu Gunsten der Wahl Marquard I ausübte, vergl. Jaffé I, no. 250.

Selbst die Kaiserin beeinflusste die Wahl. In einer Urkunde Lothar III vom Jahre 1133 heisst es: Notum esse volumus . . . qualiter nos instinctu consortis nostrae Richinzae imperatricis, communicato principum nostrorum consilio, concordante non minus electione fratrum suorum, Berthoum religionis amatorem . . . . praefatae ecclesiae praefecimus. D. no. 788

[33] Siehe Note 31. Noch im Jahre 1141 war der Einfluss des Kaisers auf die Besetzung des Abtsstuhles an erste Stelle massgebend. Conrad III sagt: Nos divino zelo tacti intrinsecus communicato principum consilio concordante non minus fratrum Fuldensium concilio secundum communem eorum electionem Aleholfum . . . in abbatiae gradum nostro cum iure promovimus et ad apostolicae benedictionis consecrationem cum litteris nostrae commendationis direximus. D. no. 795.

[34] Friedrich II verspricht dem Papste Innocenz III: Illum quoque dimittimus et refutamus abusum, quem in occupandis bonis decedentium praelatorum aut etiam ecclesiarum vacantium nostri consueverunt antecessores committere. LL. II, 224. siehe auch l. c. pp. 208 und 401.

[35] Succedit approbatione suorum magna. B. 316.

[36] In der vita Henrici VI heisst es in Betreff seiner Wahl: Per electionem, quae per formam scrutinii facta est, quia multitudo eligentium erat cor unum et anima una, omnium fratrum votis publicatis et concordantibus in eum, quod tamen in illa forma est rarissimum. S. II. II, 235.

[37] Im Bezug auf die Wahl Heinrich VII (1353—72) sagt B. 323: Cum suffragia male coeunt, iquatuorvirum iudicio, ad quos electio translata, successit Die Wahl Berthous III (1271—1274), der auf den ermordeten Berthous II folgte,

bekannt gemacht werden. [58] Wahlcapitulationen kamen damals noch nicht vor; erst ein Jahrhundert später zur Zeit Friedrich I von Romrod (1383—1395) riss dieser Missbrauch auch im Hochstift Fulda ein. [59]

Der neuerwählte Abt musste beim päpstlichen Stuhle innerhalb Jahresfrist (B. 314) um Bestätigung nachsuchen. Ueber die damals gültigen Rechtsnormen sind wir durch eine Urkunde des Papstes Clemens V, in welcher er dem Kaiser Heinrich VII die Wahl und Bestätigung Eberhard II (1313—1315) anzeigt, unterrichtet. Das Resultat der Wahl wird sowohl von dem Neuerwählten als auch von dem Decan und dem Convente dem apostol. Stuhle angezeigt, das Wahldecret dem Papste vorgelegt, die Wahl selbst und die Person des Gewählten von dem Papste und den Cardinälen geprüft, und erfolgt, wenn sich keine canonischen Einwendungen erheben lassen, die Bestätigung. Der Abt wird sodann mit der geistlichen und weltlichen Verwaltung des Stiftes betraut. [40] Darauf erfolgt die Benediction, die nur vom Papste oder einem eigens dazu bevollmächtigten Cardinale oder Bischofe vorgenommen werden kann. [41] Ist der Abt verhindert persönlich vor dem Papste zu erscheinen, so muss der vor seiner Weihe in die

ging sehr erregt vor sich. Coenobitarum animi in comitium versi electionis causa; sed secessione (wohl sessione) turbante, denique compromissum in septem, quorum suffragiis electio staret. Horum itaque moderatione etc. l. c. 318.

[58] vocatis omnibus die ad eligendum praefixa S. H. II, 230.

[59] Hoc etiam tempore capitulares a primoribus congregationis conditae sunt; in quas leges seu statuta a recens electis iusiurandum postulari consuevit B. 325. Die erste Wahlcapitulation hat Johann I von Merlau 1395—'440 eingehen müssen. S. H. I, 234.

[40] Clemens V schreibt an Heinrich VII: Dilecti filii decanus et conventus ... direxerunt unanimiter vota sua in Heberhardum; et demum tam Heberhardus per se ipsum quam iidem decanus et conventus per eorum certos procuratores praesentato nobis ipsius electionis decreto, a nobis suppliciter postulavit, ut confirmare electionem huius modi dignaremur. Nos igitur electionem eandem Heberhardique personam per venerabilem fratrem Nicolaum Hostiensem episcopum examinari fecimus diligenter et, facta nobis ab episcopo et cardinalibus praedictis super iis relatione fideli, quia invenimus electionem eandem de H. persona idonea canonice celebratam, illam de praefatorum episcopi et cardinalium ac aliorum fratum nostrorum consilio auctoritate apostolica confirmamus illumque dicto monasterio praeficimus in abbatem curam et administrationem ipsius monasterii sibi in spiritualibus et temporalibus committendo. S. H. II, no. 126.

[41] Ipsique (Heberhardo) subsequenter per eundem episcopum apud sedem apostolicam munus fecimus benedictionis impendi. S. H. II, no. 126. Dieses von Alters her dem Abte von Fulda zustehende Recht wurde bestätigt unter andern

Hände des ihn consecrirenden Bischofs abzulegende Eid der Treue
und des canonischen Gehorsams seinem Wortlaute nach in einer
eigenen Urkunde aufgezeichnet und mit dem Siegel des Abtes ver-
sehen dem apostolichen Stuhle übersandt werden. [42]
An der Forderung, dass der um seine Bestätigung nachsuchende
electus persönlich vor dem Papste zu erscheinen habe, hielt man
principiell fest, wenn man sich auch von Seiten der Aebte über
diese Bestimmung oft genug mit oder ohne Grund hinwegsetzen
zu dürfen glaubte. [43]
Der Investitur mit Ring und Stab wurde bei der Benediction, die der Regel nach in der Kirche des zu Weihenden, oft
aber auch direct am Orte der Bestätigung stattfand, in feierlichster
Weise [44] vollzogen. Ueber die Höhe der für die Confirmationsurkunde

von Leo IX im Jahre 1049: Abbas vero nonnisi a nostra apostolica sede
benedicatur, a qua benedici debet. D. no. 750.

[42] Honorius IV beauftragt den exemten Bischof Arnold von Bamberg mit
der Weihe des erwählten Abtes Marquard II: Quatenus eidem abbati auctoritate
nostra munus benedictionis impendas, recepturus ab eo postmodum pro nobis et
Romana ecclesia fidelitatis debitae iuramentum; formam vero iuramenti, quam
ipse praestabit, vobis de verbo ad verbum per eius patentes litteras suo sigillo
munitas per proprium nuntium studeas quanto citius destinare. S. H. II, no.
702. Potthast no. 22455 mit dem falschen Datum 23 Mai statt 22 Juni
(X. Kal. Julii).

[43] Berthous IV wurde 1274 auf dem Concil von Lyon, an dem er theilnahm, vom Papst Gregor X autorisirt. B. 314. Eberhard II und Heinrich VI
haben persönlich um Bestätigung ihrer Wahl nachgesucht S. H. II, no. 126
und no. 133a. Um auch aus älterer Zeit ein Beispiel anzuführen, war Ulrich
von Kemnaten (1122—27) zu gleichem Zwecke am päpstlichen Hofe gewesen.
B. 297. vergl. Eccehardi Chronicon SS. VI, 259 und D. no. 777.

[44] Bei dieser Gelegenheit wurde dem zu Weihenden gewiss auch die Dal-
matik [das Kleid der Cardinalpriester: dalmaticas nostri cardinales
presbyteri ferunt, sagt Clemens II in einer Urkunde aus dem Jahre 1046 D. no.
748.] überreicht, welche die Aebte von Fulda als ganz besondere Auszeichnung,
wie etwa einzelne Bischöfe das Pallium, tragen durften. Dieses Privileg war von
Clemens II als den canonischen Satzungen zuwider zurückgenommen worden. D.
no. 748. Vergleich hierüber auch Steindorff, Heinrich III Jahrbücher des deutschen
Reiches, 318. [Dieser Papst verbot auch den Aebten das Barttragen: cunctis
viventibus ac victuris omnium monasteriorum abbatibus in orbe terrarum consi-
stentium abradendum omnino iubemus. D. no 748. Das Verbot blieb ohne
Wirkung, wurde aber später wieder erneuert.] Innocens II erlaubte 1133 dem
Abte ausserdem noch das Tragen der Mitra. Usum dalmaticae et sandaliorum in missarum sollemniis ex apostolicae sedis benignitate secundum quod
antecessorum nostrorum privilegiis continetur, dilectioni tuae concedimus. Et ob
maiorem familiaritatis praerogativam, quam in sancta Romana

— 14 —

der Curie zu zahlenden Taxe konnte ich aus päpstlichen Urkunden
dieser Zeit keinen Beleg erbringen; und auch die älteren päpstlichen
Actenstücke enthalten weder über die Existenz noch über die Höhe
einer solchen Taxe irgend welche Andeutung. Der einzige Hinweis
auf Leistungen, zu denen das Kloster Fulda dem päpstlichen Stuhle
gegenüber verpflichtet war, findet sich in einer Urkunde Heinrich II
aus dem Jahre 1024,[45] worin es heisst: multa enim debet (Fuld.
ecclesia) dare servicia Romanae curiae. Auf Confirmationsgelder kann
sich diese Bemerkung wohl kaum beziehen; wahrscheinlich sind es
Abgaben, die das Kloster für die ihm vom Papste gewährte tuitio
et defensio zu entrichten hatte. Auf eine chronicalische Quelle gestützt,
können wir indess mit voller Sicherheit behaupten, dass Heinrich V
an die päpstliche Kammer für seine Bestätigung nahe an 800 fl.
bezahlt hat. Denn die vita Henrici VI sagt ausdrücklich, dass Papst
Johann XXI die früher übliche Taxe fast um das Doppelte herab-
gesetzt und demgemäss von Heinrich VI nur 400 fl. verlangt habe,[46]
welche Summe auch für künftige Fälle massgebend sein sollte.[47]

ecclesia nostro tempore consequi meruisti, licentiam utendi mitra et annulo tibi tuisque successoribus nihilominus impertimur. D. no. no. 789
u. 796.

[45] D. no. 738.

[46] Henricus VI confirmationem, creato domino Johanne XXI papa, obtinuit
gratiose, et licet registra camerae curiae Romanae, quibus iura papalia pro con-
firmatione abbatum debita fere dupla maiora continebantur inscripta,
Fuldens. tamen ecclesiam et abbatis confirmationem 400 florenis,
quotiens contigerit futuris temporibus, obtinuit registrari. S. II.II, no 133. p. 235.

[47] Wenn Sartori [J. v. Sartori, geistliches und weltliches Staatsrecht der deutschen, katholischgeistlichen Erz-, Hoch- und Ritterstifter. Nürnberg 1788—1789.
2 Bände. I, 2, 307.] die Confirmationsgelder in den Jahren 1500—1780 und zwar
in 16 Fällen 19200 Gulden betragen lässt, so dürfte diese Summe, trotzdem in
dieser Periode die Erhöhung der Abtei zu einem Bisthume stattfand (1752), weit
zu hoch gegriffen sein, zumal eine Erhöhung der Taxe nach Heinrich VI durch
die päpstliche Verordnung ausgeschlossen erscheint oder doch wenigstens von
einer solchen nichts verlautet. Mainz zahlte nach Sartori l. c. in derselben Zeit
in 21 Fällen 420,000 Gulden.

III.

Der in canonischer Weise erhobene Abt[48] konnte nur nach
päpstlichem Verhör und Gericht abgesetzt werden[49]
und hatte das Recht direct an den hl. Stuhl zu appol-
liren,[50] wie die Bischöfe.

Die weitgehenden gegen jeden Eingriff geistlicher oder welt-
licher Gewalten durch Androhung der schwersten Strafen geschützten
Privilegien,[51] vermöge deren die Kirche Fulda an Ansehen alle

[48] Zu Heinrich IV Zeit galten die Reichsäbte, was Ein- und Absetzung derselben anlangt, in ihrer Stellung nicht mehr als die königlichen Meier auf den
Pfalzhöfen. Bei der Wahl des Abtes Ruthard von Fulda 1075 setzte sich der
König cum principibus ad eligendum abbatem Fuldensem nieder und überreichte
dem zufällig anwesenden Hersfelder Mönche Ruozelinus (Ruthard) den Abtsstab.
Lambert, SS. V, 236—37. vergl. G. Matthaei, die Klosterpolitik Heinrich II, Göttinger Dissertation 1877. p. 85. Das schamlose Treiben der simonistischen Mönche
hat übrigens damals den Abscheu des Königs in hohem Grade erregt.

[49] Dieses und das folgende Privileg (s. folgende Anmerkung) ist vom Papst
Silvester II 999 ertheilt und oftmals bestätigt worden.
Si quod absit, aliquis abbas de vestro monasterio aliquo crimine infamis
fuerit, constituimus et praecipimus, ut pulsationis iudicium non sentiat,
donec a nostra apostolica sede audiatur et examinetur. D. no. 728.
vergl. no. 755 und no. 763.

[50] Liceat etiam tibi, carissime fili, tuisque successoribus abbatibus eiusdem
monasterii episcoporum more apostolicam sedem ad defensionem
tui tuaeque ecclesiae appellare ac contra omnes aemulos vestros Romanae
maiestatis scuto vos defensare. D. no. 728. Von diesem Appellationsrecht bz.
von dem Rechte Streitigkeiten in der Abtei selbst direct in Rom entscheiden zu
lassen, ist unter Heinrich V Gebrauch gemacht worden. B. 317. S. II. J, 14 u. 211.

[51] Si quis igitur archiepiscopus aut episcopus, imperator, rex, dux, marchio,
comes aut ecclesiastica quaelibet saecularisvo persona hanc nostrae 'constitutionis
paginam sciens contra eam temere, venire temptaverit, secundo tertiove commo-
nita, si non satisfactione congrua emendaverit, potestatis honorisque sui dignitate
careat reamque se divino iudicio existere de perpetrata iniquitate cognoscat et a
sacratissimo corpore et sanguine ... Christi aliena fiat atque in extremo examine.
districtae ultioni subiaceat. Im Privilegium Calixtus II aus dem Jahre 1122. D
no. 777.

Abteien des Reiches überstrahlte[52] und vielleicht keiner andern
Abtei der Welt nachstand, sind erwachsen aus den innigen Beziehungen des Klosters zum Römischen Stuhle, die bis in die Zeit des
heiligen Bonifatius, seines Stifters hinaufreichen.[53] Dass die Exemtion von jeder andern geistlichen Jurisdiction so alt ist wie das
Kloster selbst, darüber kann nach den eingehenden Untersuchungen
Sickel's,[54] Gegenbaur's[55] und Oelsner's[56] ein vernünftiger Zweifel nicht

[52] In wiefern der Glanz des Hochstifts auch durch seine Stellung zu Kaiser
und Reich bedingt wurde, s. unten.

[53] Bonifatius sagt in dem Briefe an Papst Zacharias: Hunc locum per
principes . . . ditavi praediis et honoribus et per Pippinum et Karlomannum
auctoritate firmissima confirmavi . . . hunc inquam locum meae requiei
praeparatum in vestram pater carissime et beati Petri apostoli
commendo potestatem. D. no. 3. — Johann XIX nennt die Kirche Fulda im
Bezug auf die Römische: Specialis filia Fuldensis ecclesia. D. no. 741.
— Eine von Dümmler aus Licht gezogene „verschollene Fuldische Briefsammlung des neunten Jahrhunderts", Forschungen V, 369—95,
die meines Wissens noch sehr wenig beachtet und gewürdigt worden ist, gibt
uns über das Alter der Exemtion, über den regen Verkehr des Klosters mit
Rom und über seine Besitzungen in Italien zu dieser Zeit ungeahnte Aufschlüsse.
Zacharias et postea Benedictus coenobium sibi soli vole-
bant esse subiectum, ut patet ex epistola Theotonis (abbatis) ad Bene-
dictum papam et Hattonis ad Leonem l. c. 387. (Hatto) Leonis Romani se et
suos in monasterio fratres per literas commendat precibus: ac si forte ex suo
coetu aliqui monachi Romam veniant, ut prae ceteris singularem his praebeat
benevolentiam, petit. L. c. 387. Hadrian IV schreibt an Abt Marquard I (1150—1165)
sehr bezeichnend: Inter universas ecclesias Teutonici regni ab antiquis patribus
et praedecessoribus nostris sanctis et apostolicis viris privilegiis et decretis con-
firmandum est Fuldense monasterium, et ideo non immerito ex auctoritate Romanae curiae et tutela principis apostolorum Petri flo-
ruisse opibus et dignitatis excellentia idem claruisse locus;
cui nimirum benignius semper in suis negotiis sacrosancta Romana providit ecclesia et, quanto ipsum ad ius et tutelam suam devotione fir-
mius manere perspexit, tanto attentius in suis necessita-
tibus ei subvenire curavit. D. no 820. Hier ist auch in Betracht zu
ziehen die von Rom immer wieder eingeschärfte Pflicht des Klosters, dem hl.
Stuhle über die Verhältnisse der Abtei von Zeit zu Zeit eingehenden Bericht
zu erstatten.

[54] Beiträge zur Diplomatik, in den Wiener Sitzungsberichten XXXIX, 142.

[55] J. Gegenbaur, das Kloster Fulda im Karolingerzeitalter I, 57—94.

[56] L. Oelsner, Jahrbücher des Fränkischen Reiches unter König Pippin.
Leipzig 1871, pp. 56—66 und Excurs V, 487—8 handelte neuerdings über das
Immunitätsprivileg des Papstes Zacharias, und erkläre ich mich mit dessen Ausführungen vollständig einverstanden. Ich mache besonders darauf aufmerksam,
dass Oelsner das bischöfliche Oberaufsichtsrecht negirt und die von Rettberg
und Sickel gegen die Canonicität der päpstlichen Bulle gerichteten Bedenken

mehr obwalten, und haben die Einwürfe des Würzburger Hofhisto-
riographen Eckhart jeden Schein von Berechtigung verloren. Ich
halte es für überflüssig, die Unzahl der dieses kirchenrechtlich fast
ohne Gleichen dastehende Verhältniss direct belegenden Beweisstellen
hier anzuführen; fast in jeder von Dronke abgedruckten päpstlichen
Urkunde finden sich deren in Menge.[57] Ich beschränke mich darauf,
die Stellung des Hochstifts zum apostolischen Stuhle, wie sie zur
Zeit Heinrichs V zum Ausdrucke kam, an der Hand der aus dieser
Epoche vorliegenden Quellen des Näheren zu beleuchten.

Ziehen wir die drei den Abt Marquard II betreffenden nur zwei
Jahre vor dem Regierungsantritte unseres Abtes ausgestellten päpstlichen
Urkunden[58] und das Schreiben Clemens V an Kaiser Heinrich VII[59]
hinzu, so erhellt, dass das Verhältniss der Kirche Fulda zum Papste,
wie es auf dem Boden der Privilegien seit Jahrhunderten erblüht
war, auch damals noch in seiner vollen Bedeutung zur Geltung kam.
Allerdings ist es befremdlich, dass aus dieser Zeit nicht mehr als
zwölf päpstliche Urkunden bekannt sind.[60] Denn der rege Verkehr,
der gerade unter Heinrich V zwischen dem Kloster und der Curie

p. 61 schlagend widerlegt hat. Wenn dem entgegen Bresslau, l. c. Heinrich II,
dritter Band p. 103 Anmerkung 2 meint, dass sich diese Ansicht mit dem „episcopus, in cuius dioecesi venerabile monasterium constructum esse videtur" nicht
vereinigen lasse, und durch diese Formel das Oberaufsichtsrecht eines Fränkischen Diöcesanbischofs über Fulda retten möchte, so spricht gegen ihn der Umstand, dass nach dem Wortlaut dieser in päpstlichen Urkunden immer wieder-
kehrenden Wendung nur auf eine geographische Angehörigkeit Fuldas zu der
betreffenden Diöcese geschlossen werden kann. Das Nähere über die Sprengelbischöfe s. unten S. 22 ff.

[57] Ich citire hier nur die aus der ersten uns erhaltenen päpstlichen Originalurkunde stammende Stelle, die wörtlich mit der bei D. no. 4 u. abgedruckten,
kürzeren Fassung des Privilegiums des Zacharias übereinstimmt . . . . et ideo
omnem cuiuslibet ecclesiae sacerdotem in praefato monasterio
ditionem quamlibet habere aut auctoritatem praeter sedem apostolicam prohibemus, ita ut nisi ab abbate monasterii fuerit invitatus nec missarum ibidem sollemnitatem quispiam praesumat
omnimodo celebrare; ut profecto iuxta id, quod subiectum
apostolicae sedi firmitate privilegii consistit inconcusse dotatum permaneat etc. . . . Urkunde Benedicts III aus dem Jahre 1024. D.no. 736.

[58] Abgedruckt bei S. H. II, no. no. 101, 102, 103. Potthast, no. 22454—56
mit dem falschen Datum 23 Mai statt 22 Juni (X. Kal. Jul.) 1286.

[59] S. H. II, no. 126. dat. 1313 II. Id. Mai, apud castrum Novum Avenio-
nensis dioeces.

[60] Mit Ausnahme zweier dat. aus dem Jahre 1306 Jan. 18, welche die der
Seminariumsbibliothek in Fulda gehörige Handschrift „Spicilegium Fuldense" enthält, und der gleich näher zu citirenden, sind sie bei Schannat gedruckt.

2

stattfand, lässt eine bei weitem grössere Anzahl von päpstlichen
Actenstücken vermuthen, und bergen die Archive in Rom und Marburg in dieser Hinsicht gewiss noch ungehobene Schätze. Indess
auch dieses dürftige Material ist hinsichtlich seines äusserst instruc-
tiven Inhaltes höchst beachtenswerth.

Nach einer bei Guden abgedruckten Urkunde[61] stellt Papst
Benedict IX das unmittelbar unter dem apostolischen Stuhle stehende
in der Mainzer Diöcese gelegene Cisterzienserkloster Reteres, welches
von der raublustigen Ritterschaft in seiner Umgebung arg bedrängt
wurde, auf drei Jahre unter den Schutz des Abtes und gibt ihm
zu diesem Zwecke die ausgedehntesten Vollmachten.[62] Alle sich
ihm Widersetzenden solle er mit kirchlichen Censuren belegen, nur
solle er gegen Bischöfe und höhere Prälaten Excommunication und
und ,Suspension nicht verhängen dürfen und auch keine Stadt bz.
Gemeinde mit dem Interdicte bestrafen. Wenn wir nun bedenken,
dass die hier in Betracht kommenden kirchlichen Strafen ohne Weiteres
auch Laien der Mainzer Diöcese treffen können, so wäre es doch gewiss
sonderbar gewesen, wenn der Papst einen Kirchenfürsten mit der
Verhängung dieser Strafen bevollmächtigt hätte, dessen Exemtion
nicht ausser allem Zweifel stände, zumal das dem Schutze des
Benedictinerabtes unterstellte Kloster zur Obedienz der Cister-
zienser gehörte.

Zwei Jahre später erhielt unser Abt vom Papste Clemens V den
Auftrag, Rudolf von Wartenberg genannt von Sargans und Wilhelm
von Montfort, die den Erzbischof Peter von Mainz (damals noch
Bischof von Basel) beraubt und in Gefangenschaft gehalten, mit
geistlichen Strafen zur Schadloshaltung und zu einer Betfahrt nach
Rom anzuhalten.[63]

Während so der päpstliche Stuhl den Abt durch ehrenvolle
Aufträge auszeichnete, war er nicht minder darauf bedacht, die auch
ihrem weltlichen Besitze nach unter seiner Obhut[64] stehende Kirche
vor jeder Bedrückung zu schützen.

[61] Guden III, no. 16. Potthast no. 25434. Die Adresse lautet nach dem
angeführten Drucke .... dilecto filio, abbati Fuldensi, Maguntinae dioecesis.
s. unten S. 22 ff.

[62] Discretioni tuae per apostolica scripta mandamus, quatinus magistrae et
conventui adversus praedonum, raptorum et invasorum audaciam efficaci praesidio
defensionis assistas . . . molestatores per censuram ecclesiasticam, appellatione
postposita, compescendo. Guden l. c.

[63] Würdtwein, Diplom. Mog. II, no. 2: Urkunde vom 25 Dezember 1306.

[64] Siehe unten.

Als der Abt gegen Friedrich und Heinrich von Honstein und Ludwig von Wangenheim, welche sich an den Gütern des Hochstifts vergriffen hatten, Klage erhob, befahl Clemens V dem Scholaster der Marienkirche zu Mainz, die Sache zu untersuchen und bevollmächtigte ihn zu einem Ausgleiche. Sollten sich jedoch Angeklagte unterfangen, seiner Entscheidung Trotz zu bieten, so möge er zur Wahrung der Rechte der Kirche Fulda mit kirchlichen Strafen vorgehen.[65] Gegen Ulrich von Hanau hatte der Abt Klage wegen Besitzstörung vorgebracht, und zeigte sich der Papst in gleicher Weise bereit, das Kloster Fulda in seinen besonderen Schutz zu nehmen, indem er den Scholaster der Herforder Kirche dem Hanauer den Process machen lässt.[66] Auch die Fränkischen Ritter und Stiftsvasallen Giso und Traboto von Ebersberg und Johann von Hochheim, welche Besitzungen des Convents an sich gerissen hatten, wurden durch Vermittelung des vom Papste autorisirten Cantors der Johanniskirche in Würzburg unter Androhung kirchlicher Censuren zur Herausgabe und Schadenersatz angehalten.[67] Ob der Befehl des Papstes, alle Kirchengüter, die seit einer langen Reihe von Jahren widerrechtlich an Clericer und Laien gekommen seien, einzuziehen,[68] wirklich ausgeführt worden ist, scheint mir in hohem Grade zweifelhaft. Clemens V wälzt mit Recht die ganze Schuld der Veräusserung der Stiftsbesitzungen auf den Abt und den Convent und deren Vorgänger,[69] die den verwandtschaftlichen Beziehungen mit den umwohnenden Vasallen nur allzusehr Rechnung tragend, ein Gut nach dem andern in deren Hände hatten kommen lassen. Indess war

[65] S.C. no. 590: Urk. vom 6 October 1311.

[66] S.C. no. 591: Urk. vom 7 October 1311.

[67] Noch nicht gedruckte Urk. enthalten im Spic. Fuld. I. 341; dat: Burdegalis 1306 Jan. 18.

[68] Clemens V schreibt dem mit der Execution betrauten Abte des Burchardsklosters in Würzburg: Quia vero nostrum est super hoc de opportuno remedio providere discretioni tuae . . . mandamus, quatenus ea, quae de bonis ipsius monasterii per concessiones huius modi alienatae inveneris illicite vel distractae . . . . ad ius et proprietatem eiusdem monasterii legitime revocare procures. Noch ungedruckte Urkunde enthalten im Spic. Fuld. I, 342 dat: Burdegalis 1306 Jan. 18.

[69] Ad audientiam nostram pervenit, quod tam dilecti filii . . . abbas et conventus monasterii Fuldensis ad Romanam ecclesiam nullo medio pertinentis, Herbipolensis dioecesis, quam praedecessores eorum decimas, terras domos, vineas, grangias . . . iura, iurisdictiones et quaedam alia bona ipsius monasterii . . . in gravem ipsius monasterii laesionem nonnullis clericis et laicis . . . . concesserunt. Spic. Fuld. I, 342.

dieser Missbrauch damals bereits zu tief eingewurzelt, als dass er mit
Erfolg und ohne hie und da selbst schweres Unrecht zu thun, hätte
ausgerottet werden können. Der Papst that seine Schuldigkeit,
indem er auf die kirchliche Vorschrift in nachdrücklichster Form
hinwies, hat aber wohl selbst eine stricte Durchführung seiner Verordnung, durch welche die Güterverhältnisse des Stifts radical um-
gestaltet worden, und die grösste Verwirrung unausbleiblich gewesen
wäre, für unmöglich gehalten.

Auch in anderer Weise liess sich der apostolische Stuhl das
Wohl der Kirche angelegen sein. Als im Jahre 1290 das zur Zeit
Kaiser Friedrich I gegründete und unter seinem besonderen Schutze
stehende Hospital ad sanctum spiritum extra muros Fuldenses[70]
renovirt und erweitert wurde, verlieh Papst Nikolaus IV allen den-
jenigen, die den Bau dieses zur Aufnahme dürftiger Kranker und
zur Beherbergung durchreisender Clericer und Laien bestimmten
Gebäudes durch milde Gaben unterstützen würden, einen Ablass
und bittet den Magistrat der Stadt, [71] dieses Unternehmen auch
seinerseits zu fördern.

Ueber das interessante Verhältniss, in welchem nicht nur das
Kirchenvermögen im engeren Sinne, sondern auch der gesammte
Grundbesitz des Klosters zum päpstlichen Stuhle stand, sind
wir für unsere Zeit hinlänglich unterrichtet. Von jeher hielten es
die Päpste für ihre Pflicht, die in ihrem vollen Umfange immer
wieder aufs Neue bestätigten und garantirten Besitzungen des Klosters
gegen jedes Unrecht sicher zu stellen. [72] Der ganze Besitz
der Abtei stand unter der Obhut des apostolischen
Stuhles und es verfielen alle, welche sich an dem Eigenthume der

---

[70] Die betreffende Urkunde Friedrich I ist S II. II, no. 74 ex chartario
abgedruckt. Dronke hat dieselbe wie so vieles andere übersehen, und demgemäss
auch Stumpf dieselbe nicht registrirt. Das Actenstück ist allerdings ziemlich
formlos überliefert worden, aber aus äusseren und inneren Gründen unanfechtbar
und verdient auch seiner stattlichen Zeugenreihe wegen alle Beachtung. Schannat
setzt es ins Jahr 1168, und dürfte es in Fulda selbst ausgestellt sein. Die hier-
hergehörige Stelle lautet: Novum hospitale Fuldense, a bonae memoriae Mar-
quardo eiusdem loci abbate ... inchoatum ... sub nostra imperiali pro-
tectione et custodia recepimus hoc modo ... ut nullum unquam advo-
catum habeat nisi nostram tantum personam ac successorum nostrorum.

[71] Universitatem vestrum rogamus atque exhortamur. S. D. 24. Urk. aus dem
Jahre 1290 fehlt bei Potthast; bei Schannat allerdings nur gekürzt überliefert.

[72] Ut profecto iuxta id, quod subiectum apostolicae sedi firmitate privilegii
consistit, inconcusse dotatum permaneat locis et rebus tam his, quas moderno
tempore tenet vel possidet, quam quas futuris temporibus in iura ipsius mona-

Kirche vergriffen, dem Banne. Das Recht des Kirchenoberhauptes
über bon Besitz der ihm untergebenen Kirchen zu disponiren, hatten
die Päpste der Abtei Fulda gegenüber von jeher in vollem Masse
in Anspruch genommen und auch thatsächlich ausgeübt. Die hierauf bezüglichen Ausdrücke sind so klar und bestimmt, dass man mit
Fug an ein Obereigenthumsrecht denken muss. Honorius IV
überträgt dem Abte Marquard II nicht nur die Sorge und Verwaltung
der Abtei in geistlichen, sondern ausdrücklich auch in weltlichen
Angelegenheiten,[73] theilt in einem eigenen Schreiben diesen Act
ausdrücklich den Ministerialen und Vasallen des Hochstifts[74] mit
und fordert sie auf, dem Neuerwählten, der als Vertrauter des cedi-
renden Abtes Berthous IV bei der buchischen Ritterschaft sicher
nicht beliebt war, und der deshalb ein besonderes Schreiben an die
Vasallen erwirkt hatte, den Eid der Treue zu leisten. Auch in der
an Kaiser Heinrich VII von Clemens V gerichteten Urkunde ist
mit denselben Worten das Recht des Papstes, auch die
administratio et cura in temporalibus dem Abte zu
übertragen, ausgesprochen.[75]

aterii divina pietas voluerit augero ex donis et oblationibus fidelium absque nullius
personae contradictione firmitate perpetua servatur. D. no. 747. Urkunde Clemens
II aus dem Jahre 1046. — Illud etiam generaliter addendum esse dignum du-
ximus, ut quidquid auctoritate praedecessorum nostrorum, regum vel imperatorum
ipsi vestro Fuld. monasterio constat fuisse concessum — et quaecumque possessiones quaecumque bona, quae .... concessione pontificum, largitione principum,
oblatione fidelium seu aliis iustis modis .... possidet, aut in futurum .....
firma tibi tuisque successoribus et illibata permaneat. D. no. 785. Urkunde Innocens II für Abt Heinrich I aus dem Jahre 1131. Vergleich auch Anm. 51.

[73] Honorius IV sagt in einem Schreiben an den Abt Marquard II: Te (Mar-
quardum) ipsi monasterio praefecimus in abbatem curam et administrationem il-
lius sibi in spiritualibus et temporalibus committendo. S. II. II, no. 101. Was
unter Temporalien bz. Regalien zu verstehen, s. unten.

[74] Honorius papa ... universis ministerialibus et vasallis monasterii Fuldensis .... de salubri provisione ipsius monasterii sollicite cogitantes, pensantes
quoque grandia Marquardi probitatis merita ... quod per suae circumspectionis
industriam monasterium ipsum temporaliter et spiritualiter augmentari et defensari
poterit ab adversis, ... eum ... praefecimus in abbatem. S. II. II, no. 103.
Potthast, no. 22454.

[75] S. II. II, no. 126.

IV.

Das enge Verhältniss, in dem das Hochstift zum apostolischen Stuhle stand, und insbesondere seine Exemtion von jeder Jurisdiction der Sprengelbischöfe findet in den aus Heinrich V Zeit stammenden Urkunden äusserlich seinen Ausdruck in den Protocollformeln . . monasterii Fuldensis ad Romanam ecclesiam nullo medio pertinentis, . . quod ad Romanam ecclesiam nullo pertinet medio . . ad Romanam dumtaxat ecclesiam pertinente. In den von Heinrich V selbst ausgestellten Urkunden kommt diese Formel nur einmal vor und zwar in seinem Schreiben an alle Benedictineräbte Deutschlands, wodurch er sie in seiner Eigenschaft als Primas zu einem Generalcapitel des Ordens nach Fulda einladet. [76]

Wenn auch Schannat in seinen Drucken nicht angibt, ob ihm die betreffende Originalurkunde, oder nur eine Copie vorgelegen, und wenn auch diese Formeln in keinem bei Dronke bz. Schannat aufgenommenen päpstlichen Actenstücke aus früherer Zeit vorkommen, so sind dieselben keineswegs willkürliche Zusätze des Herausgebers; denn dann hätte er diese Zuthat auch in frühere Urkunden eingeschoben und nicht verfehlt diese „Fälschung" in allen Actenstücken nach unserer Zeit consequent durchzuführen. Vielmehr hat Schannat in den uns nur durch ihn im Drucke erhaltenen spätern päpstlichen Urkunden ganz nach seiner Art die betreffende Formel bald ganz ausgelassen, bald unwesentlich geändert, [77] während in den authentischen Abschriften des Spicilegium Fuldense [78] die Formel auch für spätere Zeiten wörtlich wiederkehrt.

[76] S. H. II, no. 108.

[77] Letzteres ist der Fall S. II, no. 231, wo es heisst: monasterium Romanae ecclesiae immediate subiectum. Ad annum 1471.

[78] Es ist dies eine bereits erwähnte Handschrift der Fuldaer Seminariumsbibliothek aus dem Anfange unseres Jahrhunderts in 3 Bänden 4º, die besonders für das XIV und XV Jahrhundert noch viel ungedrucktes Material enthält.

Die für die Zeit Heinrich V von Schannat abgedruckten hier in Rede stehenden Formeln des Protocolls für die Bezeichnung der Exemtion des Hochstiftes sind zweifellos ächt; indess hat Schannat einen andern in den päpstlichen Urkunden dieser Zeit mit constanter Regelmässigkeit vorkommenden höchst wichtigen Ausdruck einfach unterdrückt. Die inscriptio der päpstlichen [Actenstücke lautet nämlich: „Dilecti in Christo filii abbas et conventus monasterii Fuldensis ad Romanam ecclesiam nullo medio pertinentis (dafür auch die obenerwähnten unwesentlichen Abweichungen) ordinis s. Benedicti Herbipolensis dioecesis". Letzterer Zusatz findet sich auch in der vom kaiserlichen Notar Berthold von Aschaffenburg genommenen Abschrift des Staatsvertrages Friedrich des Freidigen mit dem Abte,[79] und scheint demgemäss diese Formel auch für die Reichscanzlei in Urkunden, die nicht direct Beziehungen zwischen dem Abte und dem Reiche behandelten, massgebend gewesen zu sein. Sehr bezeichnend ist die Urkunde von Peter v. Aichspalt, dem Erzbischofe von Mainz und Erzcanzler des Reiches, besiegelt. Nach dem uns vorliegenden ungedruckten Material, welches übrigens die Formel ad Romanam ecclesiam nullo medio pertinentis bestätigt,[80] steht es ausser Frage, dass Schannat in allen hier in Betracht kommenden Actenstücken „Herbipolensis dioecesis" willkürlich verschwiegen hat.

Wenn indess Guden in der bereits besprochenen Urkunde aus aus dem Jahre 1304[81] den Papst den Abt von Fulda anreden lässt

[79] Urk. dat. Prag 1311 Febr. 15. Diese wegen ihrer Zeugenreihe [Erzb. Peter von Mainz, Erzkanzler, Philipp, Bischof von Eichstädt . . . Bertold v. Henneberg, Albert v. Hohenloh] und der Angabe des Hospitiums des Mainzers in Prag [dat. et act. Prage . . . . . in hospitio Conradi dicti vome Kornbuhele, in quo dictus dom. archiep. Maguntinus hospitabatur] wichtige Urkunde findet sich abschriftlich in der „allgemeinen Sammlung Fuldaischer Urkunden" III, 121, einer Handschrift der Fuldaer Landesbibliothek, 6 Bände 4°. no. 66. — Diese reichhaltige besonders für das spätere MA. wichtige Urkundensammlung (= FU.) ist von derselben kundigen Hand geschrieben wie das Spic. Fuld. Sie enthält noch zahlreiche inedita und bessert die fehler- und lückenhaften Drucke Schannats.

Diese Sammlung und das Spicilegium Fuldense ist der kümmerliche Rest, der Fulda von seinem weltberühmten Urkundenschatze verblieb. Das Fuldaer Archiv ist bereits vor fünf Jahren mit dem Staatsarchive in Marburg vereinigt worden.

[80] Vergl. Anmerk. 78 u. 79.
[81] S. Anmerk. 61.

„dilectus filius abbas monasterii Fuld. Maguntinae dioecesis",
so ist dies eine Fälschung, die einerseits die Eifersucht des Mainzers
genugsam characterisirt, sich aber anderseits im Hinblick auf den
Inhalt der Urkunde durch ihre Plumpheit auszeichnet. Dass Guden
den in dieser Zeit üblichen Zusatz „ad Romanam ecclesiam nullo
medio pertinentis" ausgelassen, könnte noch hingehen, dass er aber
statt dessen glattweg Maguntinae dioecesis einführt, was dem Sach-
verhalt und dem Geschäftsstil der Curie entschieden zuwider ist,
indem sich weder bei Schannat und Dronke, noch auch sonst hier-
für irgend welche Anhaltspuncte finden, dürfte hier hervorgehoben
werden; umsomehr, als dieses ganz willkürliche Einschiebsel auch
in den Regesten Potthast's II, no. 25434 arglos Aufnahme gefunden
hat, und Grote [82] den Abt von Fulda in gleiche Linie mit dem Hersfelder stellend, „Maguntinae dioecesis" nennt. Die Fälschung Guden's
ist um so augenfälliger, als der Mainzer selbst die in Anmerkung 79
angezogene Urkunde besiegelte, welche den üblichen Zusatz Herbipolensis dioecesis enthält.

Die in päpstlichen Urkunden früherer Jahrhunderte immer
wiederkehrende Wendung „episcopus in cuius dioecesi . . . . . monasterium constructum esse videtur", bezieht sich lediglich auf die Angehörigkeit des Klosters zur Würzburger bez. Mainzer Diöcese hinsichtlich seiner geographischen Lage, kommt daher auch nur
in einer Verbindung vor, welche die Exemtion des Abtes mit un-
anfechtbarer Sicherheit darthut. [83]

Es ist hier nicht der Ort, auf die Jahrhunderte lang andauern-
den Streitigkeiten der exemten Abtei mit dem Würzburger Bischofe
einzugehen, [84] doch müssen wir zum allseitigen Verständnis der späteren

---

[82] Münzstudien IX, 488.

[83] Et ideo omnem cuiuslibet ecclesiae sacerdotem in praefato venerabili monasterio ditionem quamlibet habere (aut) auctoritatem praeter sedem apostolicam, et
episcopum, in cuius dioecesi idem venerabile monasterium constructum esse dino-
scitur, cui licentiam concedimus tantum, cum opportunitas consecrandi
altaris fuerit, prohibemus ita ut, nisi ab abbate monasterii fuerit
invitatus, nec missarum ibidem sollemnitatem quispiam praesumat omnino celebrare. D. no. 649 aus dem Jahre 901. Vergl. l. c. no.
no. 557. 574. 575. 618. 642. u. s. w.

[84] Der Streit ist fast so alt wie das Kloster; bereits unter Baugolf, dem
zweiten Abte des Klosters, hatte der Würzburger unbefugt in Fulda die Ordination vorgenommen. Die Fulda'ische Briefsammlung aus dem 9. Jahrhunderte,
Forschungen V, 385 berichtet hierüber: „Inter Bernwolffum et Riculfum Mogun-
tinum episcopum et Bougolfium Fuld. abbatem ortum est dissidium propter chartam
quandam, quam aliqui Bonifatium a pontifice accepisse affirmarent; tandem causa

Verhältnisse etwas weiter ausholen. Die exemtionelle Stellung des Abtes, der Mönche und der von ihnen bewohnten Klöster, die vom Würzburger wider alles Recht angefochten wurde, war nach der durch das Ansehen des Kaisers bekräftigten und durch Papst Leo IX bestätigten Mainzer Synode 1049 gegen jeden ferneren Einspruch für immer gesichert worden.[85] Ob aber die Beschränkung der Jurisdiction des Abtes durch Einsetzung eines vom Würzburger autorisirten, wenn gleich vom Abte zu präsentirenden Archidiacon für die nachmalige Stadt Fulda, für den bis zur Haun gelegenen Bezirk und die Dörfer Hünfeld und Rasdorf, wie sie allerdings damals auf derselben Synode decretirt wurde,[86] zu rechtfertigen ist, möchte ich stark bezweifeln. Denn die Synode machte damit, dem Drängen des Würzburger's nachgebend, einem durch die Länge der Zeit gefestigten Missbrauche ein Zuge-

in praesentia Caroli (Magni) et episcoporum in synodo tractata, Bernwolffus (Bischof von Würzburg 786—800) damnatur propter illicitam ordinationem in Fuldensi coenobio factam." Rabanus in epistola ad Hattonem. — Siehe auch Forschungen V, 392, XXII. Will, Regesten zur Geschichte der Erzbischöfe von Mainz III, 7. Treffend bemerkt hierzu Oelsner l. c. 64: „Diese Notiz wird für uns dadurch so werthvoll, dass wir daraus ersehen, wie kaum 50 Jahre nach Ertheilung der Bulle des Zacharias ein bischöfliches Concil gegen alles bischöfliche Interesse sich zu Gunsten ihrer Gültigkeit aussprach: ein neuer Beweis für die Echtheit des päpstl. Privilegs, der offenbar höher anzuschlagen ist, als die Bestätigungsurkunden der nachfolgenden Päpste und selbst die Mittheilungen Eigils im Leben Sturm's."

[85] In der Urkunde Heinrich III heisst es: Qualiter litem, qui inter episcopum Wirceburgensem et abbatem Fuldensem fuit, auctoritate domni papae Leonis et consilio multorum fidelium nostrorum placuit nobis diffinire . . . . . auctoritate domni papae et consilio nostro sanctaeque synodus ipsoque Wirceburgensi episcopo consentiente, sequentes privilegia pontificum et praecepta imperatorum statuimus, ut in praefato loco Fuldensi nec in abbatem nec in monachos nec in monasterium ullam potestatem exigendam aut exercendam habeat episcopus Wirceburgensis aut ullus successor eius. D. no. 752. Will XX, 49 u. 50.

[86] Insuper etiam quia conquestus est abbas Fuld, quod archidiaconi eiusdem Wirceburgensis episcopi quasi infensi frequenter inhabitatores loci Fuldensis exacerbarent, placuit omnibus collaudante hoc Wirceburgensi episcopo, ut clericus in forensi ecclesia Fuldensis loci ab abbate subrogatus (Der betreffende Cleriker durfte demnach vom Abte selbst erwählt werden) bannum et altare (Befugniss die geistliche Gerichtsbarkeit zu üben, die Sacramente zu spenden und zu predigen) ab episcopo Wirceburgensi accipiat et in suburbanis villulis, quae sunt inter locum Fuldensem et fluviolum Hunaha dictum . . . placitum habeat adiectis duabus villulis Hunefeld et Ratesdorf nuncupatis. D. no. 752. Das Collegiatstift zu Rasdorf wurde 1190, das Collegiatstift zu Hünfeld 1229 unter päpstlichen Schutz gestellt und damit der Rückfall dieser Gegenden an Fulda vorbereitet. D. no. 834.a, S. D. no. 51.

ständniss, welches um so weniger statthaft war, als gerade dadurch ein grosser Theil des Grundstockes der Besitzungen des Klosters, wie sie die Cartula s. Bonifatii enthält,[87] der kirchlichen Gewalt des Klosters entrückt worden war.

Sicher ist es, dass dieser vorgeschobene Posten des Hochstifts Würzburg, den es allerdings zwei Jahrhunderte lang, wenn auch unter fortwährenden Kämpfen behauptet hatte, unter Conrad III von Malkos (1222—1247) für die Diöcese verloren ging, indem der von ihm gedemüthigte und hart bedrängte Würzburger auf sein Archidiaconatsrecht in Fulda verzichten musste.[88]

In den Urkunden und Zeugenreihen aus unserer Zeit, in denen der Pfarrer von Fulda und seine Capläne öfters vorkommen, findet sich auch nicht die leiseste Andeutung, dass die Stadt noch unter der Jurisdiction des Würzburger's gestanden habe. Nachweisbar übte Würzburg damals nur noch in dem 5 Stunden von Fulda entfernten Rasdorf Diöcesanrechte aus; denn Andreas von Würzburg nennt nicht nur selbst die dortige Pfarrei ecclesiam in Rasdorf nostrae dioecesis, was allein nicht beweiskräftig wäre, sondern auch Abt Heinrich V erkennt die Diöcesanrechte des Würzburgers in der dortigen Gegend an. So sehen wir den Abt, welcher seinem verarmten Collegiatstifte in Rasdorf die dortige Pfarrei incorporiren will, über die er nur Patronatsrechte besitzt, den Consens des Sprengelbischofs nachsuchen.[89] Heinrich V erhält von dem Bischofe Mangold von Würzburg die Erlaubniss, jedoch mit dem Vorbehalte, dass ihm der jeweilige Vicar präsentirt werde, und ihm als Bischof bez. dem Archidiacon dieser Gegend die übliche Rechenschaftsablage über die Parochie nicht versagt werde.[90]

[87] Dronke, Trad. et antiquit. Fuldens. p. 1. Die Cartula s. Bonifatii ist abgebildet bei Gegenbaur l. c. II. Anhang. Gegenbaur führt den Beweis, dass weder das ganze Gebiet des Klosters Fulda jemals zur Diöcese Würzburg gehört habe, noch auch in der Karolingerzeit das rechts der Fulda gelegene Gebiet zu jener gerechnet worden sei l. c. 46.

[88] B. referirt über diesen Vorgang p. 305 ex manuscripto Fuldensis bibliothecae: Inter leges pacis et haec sancita est perennis, ut abbati archidiaconatus Fuldensis et ius cogendae synodi cederet. Ad annum 1242.

[89] H. abbas . . . eidem ecclesiae. in Rasdorf parochiam ibidem, cuius ius patronatus ad nos pertinet pleno iure, quantum in nobis est, incorporamus, sine iuris praeiudicio alieni, si dioecesani consensus legitimo his accedat. CU. in M. dat. 1302 Octob. 12 ohne Ort der Ausstellung.

[90] Manegoldus . . episcopus Herbipol. . . . decano et capellano ecclesiae in Rasdorf nostrae dioecesis salutem . . . in vos eandem ecclesiam parrochialem transferimus . . ita tamen, quod praefata parrochialis ecclesia perpe-

Gegen Ende des XIII Jahrhunderts ist im Canzleistil der Curie
die in früheren Urkunden mit leisen Varianten immer wiederkehrende
Wendung: monasterium, in cuius dioecesi contructum esse videtur,
durch den bestimmten Ausdruck Herbipolensis dioecesis ver-
drängt worden. Seit dieser Zeit hatte sich nämlich die Ansicht
gebildet, dass das gesammte Gebiet des Hochstifts mit-
sammt dem Hauptkloster, soweit es auf dem rechten
Fuldaufer lag, räumlich zur Diöcese Würzburg zu rechnen
sei. Dies entsprach entschieden auch der Auffassung des Erzbischofs
von Mainz. Er würde, im Falle der Ausdruck „Herbipolensis dioecesis"
auch nur im Entferntesten auf die kirchliche Angehörigkeit
der betreffenden Bezirke zu Würzburg hätte gedeutet werden können,
die oben (S. Anm. 79) besprochene Urkunde gewiss nicht durch
sein Siegel bekräftigt haben. Aus dem Gebrauche dieser Wendung
kann auf eine iurisdictionelle Abhängigkeit der betreffenden Stiftslande um so weniger geschlossen werden, als der Abt
die Rechte des Diöcesanbischofs nur in gewissen Bezirken, die notorisch von exemtem Stiftslande rings umschlossen waren, und als
Enclaven zum Würzburger Diöcesanverband gehörten, factisch anerkannte. Wie durch die vom Kaiser verliehene Immunität die Gewalt der Gaugrafen immer mehr eingeengt wurde, so erlitt auch
durch die Ertheilung der jurisdictionellen Exemtion von Seiten des
Papstes für die Besitzungen des betreffenden Stifts die bischöfliche
Gewalt eine Einbusse, die mit der Erweiterung des territorialen
Besitzes stetig wuchs.[91] Von diesem Gesichtspuncte aus erscheint

tuum habeat vicarium nobis praesentandum . . . et quod episcopo et archidiacono
loci . . . de suis iuribus valeat respondere et alia sibi incumbentia onera sup-
portare. CU. in M. dat. Würzburg 1303 März 15.

Beide Urkunden, sowie auch noch zu besprechende Actenstücke, die über
die Sprengelbischöfe ganz neues Licht verbreiten, sind dem in Marburg be-
findlichen im Jahre 1578 geschriebenen Rasdorfer- und dem vom spätern Fürst-
bischof Amand v. Buseck geschriebenen Neuenberger (Andreasberger) Copialbuche
eben dort entnommen. Schannat hat all' diese Actenstücke gar nicht abgedruckt.
Da ich trotz der grossen Flüchtigkeit, mit der Schannat arbeitete, nicht annehmen kann, dass ihm die betreffenden Urkunden entgangen wären, so möchte
ich fast glauben, dass er, des endlosen Streites müde, dieselben unterdrückt
habe. Denn wenn auch aus ihnen vernünftiger Weise nichts gegen die Exemtion des Stiftes bz. der Stiftslande gefolgert werden kann, so hätten sich doch
bei der leidenschaftlichen Erregung der Gemüther gewiss solche gefunden, die
darin Beweise für ihre gegnerische Ansicht zu finden vermeint und ins Feld geführt hätten.

91 Dass sich die Exemtion nicht auf die ursprünglichen Besitzungen des
Klosters beschränken sollte, erhellt bereits aus dem Privilegium des Papstes

mir die Existenz der bischöflichen Enclaven mitten im exemten Gebiet am einfachsten erklärt. Zum Beweis, dass auch das von dem Kern der Besitzungen Fuldas entfernter liegende Stiftsland, wie der weltlichen so auch der geistlichen Jurisdiction des Würzburgers und jedes anderen geistlichen Würdenträgers entrückt war, möchte ich nur auf den Umstand hinweisen, dass Kaiser Heinrich VII dem Würzburger befiehlt, gegen Ritter die unrechtmässig verhängte Excommunication zurückzunehmen, welche als Burgmannen des Abtes in dem von der Diöcese Würzburg umschlossenen Fuldaer Gebiete ihre Wohnsitze hatten. [92]

Während so die Formel Herbipolensis dioecesis zur Bestimmung der räumlichen Zugehörigkeit des Klosters zur Diöcese Würzburg von der Curie gebraucht wurde, der Würzburger Bischof sich dieses Ausdruckes zur Bezeichnung desselben Verhältnisses für rechts der Fulda gelegene Gebiete des Hochstifts bedient, und auch der Bischof von Worms [93] und der Abt Wernhard von Niederaltaich ohne Anstand das Kloster als räumlich zu Würzburg gehörig bezeichnet, [94] welcher Auffassung auch vom Mainzer nicht widersprochen wurde: war es Regel geworden, die links der Fulda gele-

Zacharias D. no. 4a. „ut profecto . . . . . . inconcusse dotatum permaneat locis et rebus tam eis, quas moderno tempore tenet vel possidet, quam quae futuris temporibus in iure ipsius monasterii divina pietas voluerit augere ex donis et oblationibus decimisque fidelium absque ullius personae contradictione firmitate perpetua perfruitur."

[92] Conquestus est nobis . . H. abbas ecclesiae Fuldensis . . quod tu (Andreas Herbipolensis) contra tenorem privilegiorum suorum, quae vidimus et dudum confirmavimus, homines et castrenses abbatis ipsius Friedricum et Andream de Tugenden nec non Conradum dictum Hoelin et Conradum de Alsvelt ac alios ecclesiae suae homines proscribis et excommunicas, quod in suum praeiudicium vertitur et libertatis eccl. Fuld. non modicum detrimentum. Quapropter sinceritati tuae per regia scripta mandamus, quatenus super praemissis . . . te de cetero omnino contineas et restringas penitus revocando proscriptionis et excommunicationis sententias . . . quas ex nunc, quantum iniuste latae sunt et indebite . . contra iura et privilegia dictae Fuldensis ecclesiae, revocamus et tenore praesentium annullamus. D. no. 857.

[93] Urk. dat. 1311 Jun. 30. ohne Ort der Ausstellung enthalten in FU. IV, S. 29—31. Ermericus, Bischof von Worms incorporirt dem Convente der Fuldaer Kirche „Herbipolens. dioecesis" die in der Wormser Diöcese gelegene Pfarrei Abenheim.

[94] Wernhard begreift hier auch die beiden links der Fulda gelegenen Klöster Neuenberg und Johannisberg unter der Bezeichnung Herbipolensis dioecesis, was indess nicht befremden kann, da das Hauptkloster und die 3 anderen Nebenklöster auf dem Michaels-, Frauen- und Petersberge, die alle auf dem rechten Ufer liegen, in gleicher Linie erwähnt werden. S. Anmerk. no. 125.

genen Gebietstheile der Abtei als der Diöcese Mainz
in gleichem Sinne zugehörig zu betrachten.

In dem Ablassbriefe des Erzbischofs Siegfried von Cöln für die
links der Fulda gelegene Klosterkirche auf dem Johannisberge, der
mir im Originale vorlag, nennt der Aussteller den Mainzer Erzbischof
loci dioccesauum und macht die Gültigkeit des verlichenen Ablasses
von dem Consens dieses Diöcesanbischofs abhängig.[95] Dass hiermit
kein Beweis gegen die exemte Stellung der Aebte bz. der ihnen
unterstellten Klöster gegeben ist, braucht wohl kaum hervorgehoben
zu werden. Denn abgesehen davon, dass man bei einer Ablassver-
leihung auch einem exemten Kloster gegenüber überhaupt schwerlich
von einem iurisdictionellen Eingriff reden kann, erstreckte sich die
geistliche Machtsphäre des Abtes gar nicht soweit, dass er selbst
hätte einen Ablass verleihen können. Zu einem päpstlichen Ablasse,
mochte er nun dem Mainzer oder Würzburger Sprengel der Abtei
zu Gute kommen, hätte es dieser Genehmigung nicht bedurft. In
unserem Falle aber, wo ein Erzbischof einer wenn auch exemten,
so doch in der Diöcese eines andern gelegenen Kirche, einen Ablassbrief ausstellt, war der Consens des Sprengelbischofs erforderlich,
weil das Recht Ablässe zu ertheilen, nur diesem selbst zukam.

Dass dieser vom Erzbischof von Cöln dem Mainzer beigelegte
Titel nicht eine blosse Form der Höflichkeit gegen seinen Confrater
war, geht daraus hervor, dass Decan und Convent des zweifellos
pleno iure zu Fulda gehörigen Andreasklosters auf dem Neuenberge
ausdrücklich anerkennen, dass ihre Propstei in der Mainzer Diöcese
liege.[96] Wenn indess durch den Ausdruck Maguntinae dioecesis
auch nur im Entferntesten ein Abhängigkeitsverhältniss bezeichnet
würde, so hätte das Andreaskloster sich desselben sicher nicht bedient,
und auch der Decan der S. Andreaskirche in Worms, der mit dem
Fuldaer Kloster einen Kauf abgeschlossen, denselben vermieden.[97]

Auch in der Nähe des pleno iure zu Fulda gehörigen Klosters

---

[95] Syfridus arch. Col. s. imperii per ythaliam archicancellarius verleiht
omnibus Christi fidelibus vere poenitentibus et confessis einen 40tägigen Ablass
. . . . dummodo . . patris et domini Moguntini archiepiscopi, loci diocesani vo-
luntas accedat OU. in M. datum 1203 apud Fuldam sub sigillo nostro secreto.
Siegel aus rothem Wachse sehr beschädigt.

[96] Urkunde dat. 1297 Sept. 26: Nos Henricus decanus totusque conventus
monasterii s. Andreae in novo monte apud Fuldam, „Maguntinae dioecesis"
OU. in M. Das Copialbuch, dem ich diese Urkunde entnahm, ist von Amand v.
Buseck, Bischof in p. i., dem nachmaligen Fürstbischofe von Fulda, geschrieben.

[97] Urk. dat. 1297 Sept 26. CU. in M. ibidem.

Blankenau auf dem linken Fuldaufer übte der Erzbischof von Mainz durch seinen Archidiacon Diöccsanrechte. So gibt Erzbischof Gerhard seine Zustimmung zur Incorporirung der überschüssigen Einkünfte der Pfarrei Lüder, deren Patronatsrecht dem Abte zusteht, zu Gunsten genannten Cisterzienserklosters, behält sich jedoch alle Rechte vor, die ihm als dioecesanus loci zustanden.[98]

Nach dem Gesagten hätten wir also gemäss der damals allgemein geltenden Anschauung zwei Sprengelbischöfe; und zwar den Würzburger für das rechts der Fulda liegende Klostergebiet, den Mainzer für das linke Fuldaufer. Bereits aus den besprochenen Urkunden leuchtet ein, dass von einer Iurisdiction der Sprengelbischöfe im Hochstifte keine Rede sein kann. Denn die Verleihung von Ablässen und die Einholung zur Incorporation dieser oder jener bischöflichen Kirche, über welche der Abt nur das Patronatsrecht besitzt, kann in keiner Weise als der Exemtion entgegenstehend bezeichnet werden.

Wir hatten bereits gelegentlich der Erörterung der Weihe des Abtes darauf hingewiesen, dass dieselbe nur von dem apostolischen Stuhle bz. einem von demselben autorisirten Bischofe ertheilt werden könne.[99] In sehr bezeichnender Weise ist ein solcher Auftrag nie dem Würzburger oder Mainzer, deren Sprengel das exemte Gebiet umschlossen, sondern immer Bischöfen ertheilt worden, die der Abtei ferner standen. So wurde, um nur einige Beispiele anzuführen, Ulrich von Kemnaten (1122—27) während seiner Gegenwart in Rom vom Papste Calixtus II,[100] Conrad III (1177—92) von Alexander III,[101] Heinrich IV von Erthal (1249—1261) vom Bischofe Theodorich von Naumburg (B. 307) Berthous II (1261—71) vom Bischofe Christian Lincolniensis [102], Marquard II (1286—88) von dem damals ebenfalls exemten Bischofe Arnold von Bamberg [103] und der Nachfolger unseres Abtes vom Bischofe Nicoláus von Ostia geweiht.[104]

Die Ordination der Priester, die Spendung der Firmung, die Kirch- und Oelweihe, wie überhaupt alle Functionen, die als actus episcopales nur dem ordo des Bischofs zukommen, wurden innerhalb des Hochstifts nicht vom Würzburger oder Mainzer vollzogen, sondern

[98] Ita tamen, ut sacerdoti, cui cura eiusdem ecclesiae fuerit committenda, tantum de ecclesiae ipsius facultatibus relinquatur, unde congruam possit sustentationem habere, hospitalitatem servare et episcopalia iura persolvere. CU. in M. dat. Mainz 1299 Jan. 7. auch in Spicileg. Fuldens. I, 321 enthalten.
[99] Siehe Seite 12 mit den Anmerkungen 41 u. 42.
[100] B. 297. — [101] B. 301. — [102] B. 309.
[103] S. H. II, 213. — [104] S. H. II, 230.

regelmässig von Bischöfen ausgeübt, |die zu diesem Zwecke eigens
vom Abte eingeladen waren, öfters auch von den gerade anwesenden
päpstlichen Legaten.[105] Allerdings wurden in den ältesten Zeiten
des Klosters, wo auch noch das auf dem rechten Fuldaufer gelegene
Stiftsland als der Diöcese Mainz zugehörig betrachtet wurde,[106] und
Eifersucht noch weniger im Spiele war, verschiedene Male die Einweihung der Kirchen vom Mainzer besorgt, doch nur auf specielle
Einladung des Abtes.[107] Der letzte constatirbare Fall, wo ein Erzbischof von Mainz zwecks Einweihung einer Kirche vom Abte eingeladen wurde, fällt in das Jahr 1030.[108] Da damals die Beziehungen
zu Mainz noch ungetrübtere waren, und der Stuhl des hl. Bonifatius sehr oft mit Aebten des Klosters Fulda besetzt
wurde,[109] so begreifen wir diese Ausnahme von der später ganz con-

[105] Duo cardinales Roma missi post pentecosten Fuldam reversi . . . ordines
sacros alter eorum, qui episcopus erat, impertit. Der päpstliche Legat Marinus
weiht 948 in Gegenwart des Kaisers Otto die Stiftskirche. B. 284.

[106] So weiht Richulf von Mainz die Kirche auf dem Bischofsberge am rechten Ufer der Fulda. Will III, 15; Haistulf 822 die Michaelskirche Will IV, 9.
Die Kirche auf dem ebenfalls rechts der Fulda gelegenen Petersberge, dem Auf-
enthaltsort des Rabanus Maurus nach seiner Cession (842), wurde 838 vom
Chorbischofe Reginbald im Auftrage des Erzbischofs Otgar geweiht. Will, V, 22.
vergl. auch l. c. Einleitung p. XX und Gegenbaur II, 46—47.

[107] Will III, 21 rogatu abbatis (selbst wo es sich um Einweihung einer am
linken Fuldaufer gelegenen Kirche handelte). Will IV, 5: Accepto fratrum consilio
misit (Eigil abbas) epistolam ad Haistulfum archiepiscopum, ut dignaretur venire
ad dedicandam ecclesiam.

[108] Will XIX, 78. Dass der Würzburger jemals eine derartige Function im
Stifte ausgeübt mit Ausnahme des in den Forschungen V, 369 erwähnten Falles,
wofür er bestraft wurde (s. Seite 24. Anm. 84.), ist bis jetzt nicht erwiesen.

[109] Es wurde sogar bis ins XI Jahrhundert staatsrechtlich anerkannt, dass
je der zweite oder dritte Erzbischof von Mainz dem Kloster Fulda angehört haben
sollte. „Fuit aliquis qui diceret, ex privilegii censura Fuldensem exigi pastorem,
eo quod tertium antistitem sedis Moguntinae mittere Fuldense de-
beret ovile. Placuit itaque regi differre consilium quousque congruum de hoc
caperet consilium. Consulta igitur privilegia eadem loquebantur, et priorum regum
in hoc consensum loquebantur. Vita Bard. maior. SS. XI, 327. Ad annum 1031.
Das Nähere über dieses interessante Verhältniss Fuldas zu Mainz siehe Will,
Einleitung p. LII—LIII.
Mit Bardo (1031—1051) „sehen wir zum 8ten Male einen Abt, bz. einen
Mönch von Fulda auf den Stuhl der kirchlichen Metropole Deutschlands gelangen"
Will, Einleitung p. XLIII. Es sind die Erz-Bischöfe Haistulf, Rabanus Maurus, Sun-
derold, Hatto I, Hildibert, Hatto II, Erckenbald und Bardo; demnach, wenn wir
von Bonifatius absehen, unter 19 Erzbischöfen 8 aus Fulda!! — Die Grabschrift
Hatto II von Mainz sagt sehr bezeichnend: „Rursus doctorum pater exstiterat
monachorum Fuldae coenobii." Jaffé III, 720.

stanten Regel. Als man sich indess von Mainz aus Uebergriffe gegen das zu hohem Ansehen gelangte Stift erlaubte, das wegen seiner Exemtion und der weitgehendsten päpstlichen und kaiserlichen Privilegien sehr wohl einen Gegenstand des Neides abgeben konnte, traten Papst[110] und Kaiser[111] mit allem Nachdruck für die von ihnen garantirten Rechte des Klosters ein, und auch die Aebte verstanden es mit anerkennenswerthem Stolze ihre rechtmässig erworbenen und vielverbrieften Privilegien gegen die Herrschgelüste der Diöcesanen zu vertheidigen.

Dass das Kloster nicht gesonnen war, sich seine Rechte, die so weit gingen, dass kein noch so angesehener Würdenträger der Kirche,[112] und vor allem nicht der Sprengelbischof[113] ohne specielle Erlaubniss des Abtes am Hauptaltar der Stiftskirche feierliches Hochamt halten durfte, in irgend einer Weise schmälern zu lassen, zeigt unter anderen auch der Umstand, dass man seit der Mitte des X Jahrhunderts bereits, wo die Privilegien der Abtei vielfach angefochten wurden, bei den öfter nöthigen Dedicationen von Kirchen und Capellen immer Kirchenfürsten entfernterer Sprengel einlud, die der Abtei im Uebrigen fremd gegenüberstanden. Ich erwähne hier nur die Consecration eines dem hl. Johannes dem Täufer gewidmeten Prachtbaues, genannt das Paradies, unter Abt Werner

[110] Will XXII, 56. 89. — Et ideo licet tibi tuisque successoribus ; . . contra omnes aemulos Romanae maiestatis scuto vos defendere. D. no. 748.

[111] Will VIII, 33. u XXII, 47.

[112] Nulli etiam episcoporum, archiepiscoporum, patriarcharum . . . . vel quomodocumque in clero constituto temere vel proterve nisi a vobis accepta licentia super principale altare vestri monasterii missarum sollemnia celebrare liceat. D no. 741. u. no. 748.

[113] Specialiter episcopum in cuius dioecesi constructum esse videtur (prohibemus) ita ut, nisi ab abbate monasterii ipsius fuerit invitatus, nec missarum sollemnia ibi celebrare praesumat D. no. 750 aus dem Jahre 1049. Wenn Oelsner pag. 63 die missarum sollemnitas (sollemnia) einfach als „Messe" fasst, so ist dies dem Wortlaute zuwider. Nach dem Römischen Rituale, das in Fulda immer massgebend gewesen, und nach dem fest ausgeprägten kirchlichen Sprachgebrauche kann mit missarum sollemnitas nur feierliches Hochamt bz., wenn dieses Amt von einem Bischofe gehalten wird, Pontificalamt gemeint sein, d. h. diejenige gottesdienstliche Handlung, die der Bischof in seiner Diöcese in allen Pfarreien, und zwar auf dem sacralen Centrum derselben, dem betreffenden Haupt- oder Hochaltare ohne Weiteres d. h. ohne Befragen des Pfarrers vollziehen kann. In dieser Befugniss drückt sich die höchste Amtsgewalt des Bischofs aus, und ist in sofern dieses „Messelesen" des Bischofs, wenngleich kein eigentlicher actus ordinis, so doch nicht „unstreitig die geringfügigste bischöfliche Handlung", sondern der Ausfluss seiner jurisdictionellen Macht im

(968—82) durch den Bischof Ulrich von Augsburg,[114] die von den Bischöfen Eberhard von Bamberg und Hermann von Verden in Gegenwart Kaiser Friedrich I 1157 vollzogene Weihe der Stiftskirche [115] durch Bischof Folkram von Minden 1192.[116]

Aus der Zeit Heinrich V ist mir nur ein Fall der Art bekannt geworden, nämlich die Kirchweihe in Haselstein durch Theodorich Warniensis (?) episcopus.[117] Möglich wäre es, dass dieser Prälat auch die unter unserm Abte neu erbaute Stiftskirche eingeweiht hat, indem damals das Gebäude mindestens unter Dach gebracht war.

Wer die Firmung in dem Gebiete des Hochstifts gespendet, woher man das Chrisma zu holen gewohnt war, und wo der Abt seine Priester weihen liess, darüber habe ich nichts sicheres ermitteln können. Indess ist es wahrscheinlich, dass, da das Kloster sehr oft bischöflichen Besuch bekam,[118] die Spendung der beiden Sacramente gewöhnlich von dem gerade anwesenden Kirchenfürsten vollzogen wurde, während man bei feierlichen Angelegenheiten, wie z. B. bei der Benediction des Abtes, regelmässig einen oder mehrere Bischöfe einlud.

ganzen Bisthume. Hätte dieser actus jurisdictionis von irgend einem Bischofe in Anspruch genommen werden können, ohne den Abt zu befragen, dann wäre die iurisdictionelle Abhängigkeit des Stiftes erwiesen. Wenn ein Bischof auf einem Nebenaltar oder auch auf dem Hauptaltar eine stille Messe lesen wollte, so hat er in Fulda keine besondere Erlaubniss des Abtes einzuholen brauchen, weil die stille Messe eben nicht den amtlichen Character trägt, wie das Pontificalamt.

[114] B. 123. — [115] B. 125. Vergleiche auch Anmerk. 105. — [116] S. D. 127.

[117] S. D. 26. Die hier gegebenen Nachrichten Browers und Schannats beruhen auf urkundlichem Material und sind theilweise auch durch Inschriften bekräftigt. Ist Theodorich ein Bischof von Ermeland (Varmia), so müsste er, da die S. D. 26 erwähnte Nachricht in das Jahr 1300 fällt, zwischen die von Gams, series episcop. aufgeführten Henricus de Fleming († 15. VII. 1300) und Eberhard de Nysa, der 1301. X. 6 als „electus" vorkommt, fallen, was möglich wäre.

[118] Während der Regierungszeit Heinrich V können als sicher in Fulda anwesend bezeichnet werden der Erzbischof von Cöln (s. Anmerk. 95 und LL. II, 472.), der Erzbischof von Mainz (Chronicon Sampetrinum, 140) und der episcopus Warniensis (s. Anmerk. 117.)

3

V.

Wenn wir das bereits besprochene Recht des Abtes nach Rom
zu appelliren und seine Unabsetzbarkeit ohne päpstliches Verhör und
Gericht in Betracht ziehen, und uns vergegenwärtigen, dass er, bz.
die von ihm gesandten Priester, kraft päpstlicher Vollmacht die Befugniss hatten das Evangelium zu predigen,[119] wozu sonst die missio
canonica von Seiten des Bischofs erforderlich ist, so hatte der Abt
mit Ausnahme der dem bischöflichen ordo als solchem
zukommenden Rechte, in seinem Stifte dieselbe Stellung, wie der Bischof in seiner Diöcese (iurisdictio
quasi episcopalis.) Die Besitzungen der Abtei bildeten wie
politisch, so auch hierarchisch im vollen Sinne des Wortes einen
Staat im Staate, dessen Vorsteher nicht wie die Suffraganbischöfe
einem Metropoliten unterworfen war, sondern der mit Rom in der
directesten Verbindung stand.

Die dem Abt pleno iure unterworfenen Collegiatstifter und Klöster
erfreuten sich der Exemtion vom Sprengelbischofe und [120] der kaiserlichen Immunität, wie das Hauptkloster. [121] Der Abt ernannte die

[119] Das Kloster war gerade zur Ausbreitung und Befestigung der christlichen
Lehre gegründet worden. Et tibi, fili dilecte, Huoggi (quia te bene eruditum et
eloquentem virum esse novimus) verbum Dei praedicare auctoritate s. Petri et
concedimus et praecipimus. Bulle Benedicts aus dem Jahre 901. D. no. 649. u.
Bulle Leo IX aus dem Jahre 1049. D. no. 750.

[120] Dass dies auch bei den weit von der Hauptkirche abgelegenen Klöstern
der Fall war, und von den betreffenden Sprengelbischöfen anerkannt wurde, zeigt
eine Marburger Originalurkunde des Bischofs Remboto von Eichstaet aus dem
Jahre 1282 (mit zwei an gelben und rothen Seidenschnüren hängenden Siegeln),
worin er sagt: Recognoscimus ipsum monasterium in Sulenhoven (Solnhofn)
tam in spiritualibus quam in temporalibus a nostra iurisdictione pleno iure ex-
emptum esse; und monasterium in Sulenhoven, quod ipsi (abbati et ecclesiae
Fuldensi) pleno iure subiectum est in hominibus, possessionibus proventibus . . .

[121] Recognoscimus, quod vos vestrumque monasterium (Capellendorf)
et conventum nec non omnes successores vestros in perpetuum sub statu

Vorsteher der ihm unterworfenen Klöster und Stifter, gleichviel zu
welcher Ordensobedienz sie gehörten, er hatte die Disciplin sowobl
der Conventualen als auch des Säcular- und Regularclerus zu über-
wachen, er beaufsichtigte die Verwaltung des Kirchenvermögens, alle
Kauf-, Tausch- und Pachtverträge der einzeln Klöster untereinander
oder mit Privaten waren seiner Genehmigung unterstellt, [122] und
selbst für Stiftungen an Kirchen und Klöster musste zur Rechtsgül-
tigkeit derselben seine Bestätigung nachgesucht werden. [123] In der
geistlichen und weltlichen Verwaltung der Stiftslande
war demnach der Abt wie der Bischof in seiner
Diöcese an erster Stelle massgebend und nur durch
sein Capitel beschränkt.

Auch Gebetsverbrüderungen, [124] zu denen die nicht
exemten Kirchen und Klöster den Consens des Bischofs einholen
müssen, geht das Stift selbstständig ein, so eine mit dem Kloster

et condicione... subiectionis nobis exhibendae in institutio-
nibus praepositi et abbatissae per nos vobis faciendis ac omnium
aliorum iurium et consuetudinum, quibus alia monasteria seu coenobia in
fundo Fuldensis ecclesiae proprio constructa nobis subsunt... defendere volumus
omnium libertatum et immunitatum a Romanis pontificibus et imperatoribus seu
regibus nobis et ecclesiae nostrae concessarum vos et vestrum monasterium
gaudere volumus. S. D. no. 93. OU. in M. Quapropter dominationi vestrae
(Heinrich V) supplicamus, quatenus nos a iurisdictione domini Moguntini...
quantum potestis eximere velitis, ut privilegiorum vestrorum libertate
tamquam alia coenobia vobis subdita gaudere valeamus. S. D. no.
94. OU. in M.
[122] Urk. dat. 1302 Jun. 11, durch welche Heinrich V einen Pachtvertrag
des Klosters auf dem Johannisberge bei Fulda bestätigt. FU. V, 346. Urk. dat.
1303 Mai 1, durch welche Heinrich V einen Tausch des Klosters in Rasdorf ge-
nehmigt. CU. in M. u. s. f.
[123] Urk. dat. 1302 Sept. 26. Decan Marquard und der Convent bekunden,
dass der Magister Reymundus Physicus mit Erlaubniss des Abtes au dem
neu zu erbauenden Kreuzaltare der Stiftskirche eine tägliche Messe, ein ewiges
Licht und sein Jahrgedächtniss gestiftet habe. OU. in M. etc. etc.
[124] Was darunter zu versteben sei, sagt das Chronicon episcop. Hildeshei-
mensium, in dem auch der confraternitas zwischen Hildesheim und Fulda gedacht
wird: „Hi omnes (genannte Klöster) nomina et obitus defunctorum suorum per
litteras et per nuntios nobis enuntiare debent, et nos illis nostrorum fratrum,
ut fiant communes orationes per triginta dies; et in anniversariis, in missis et in
ceteris commemorationibus mortuorum et in autumno per tres dies recordationis
fratrum nomina praedictarum ecclesiarum in conventu publico recitari debent et
in publicis missis, tam pro vivis quam pro defunctis memoria fratrum nostrorum
et sororum per hos tres dies cum oblationibus celebrari debet et eleemosinis. SS.
VII, 848. Diese confraternitates sind durch ihre officiellen Aufzeichnungen von
den Sterbetagen der geistlichen und weltlichen Grossen des Reiches in ihrer Art
3*

Niederaltaich [125] und eine zweite mit dem Frauenkloster „zu dem Throne des helegen grawen Ordins in Menzir Bisdume." [126]

Zur Vervollständigung des zu gebenden Zeitbildes sei mir verstattet, auch einen Blick auf die einzeln dem Abte Heinrich V unterstellten Kirchen und Klöster zu werfen, indem ich jedoch auf überaus zahlreiche kleinere Züge, die nur den Ortskundigen interessiren, keine Rücksicht nehmen kann.

Auf dem durch die Schritte des hl. Bonifatius geweihten und durch die Gelehrsamkeit eines Rabanus Maurus weltberühmt gewordenen Boden, gewissermassen im Herzen Deutschlands, erhob sich die Stiftskirche, bergend den theuersten Schatz der Gebeine des grossen Apostels der Deutschen und die sterblichen Ueberreste König Konrad I, [127] ihres Wohlthäters und Beschützers. Einsame dem Gebet und dem Studium gewidmete Zellen, grossartige Säle, angefüllt mit den seit Jahrhunderten aufgespeicherten literarischen und diplomatischen Schätzen, oder mit kunstvoll gearbeiteten kirchlichen Gewändern und Geräthschaften, [129] stattliche Refectorien und zur Erholung der Conventualen bestimmte Räume, besondere Gemächer zum Empfang und zur Beherbergung königlicher oder fürstlicher

eine Geschichtsquelle ersten Ranges. Dass man in den Klöstern über Ereignisse, die sich oft weit von dem betreffenden Orte abgespielt hatten, aufs genaueste und vielseitigste unterrichtet war, ist vor allem auch dem durch die confraternitates bedingten Verkehre (per litteras et nuntios) unter einander zuzuschreiben. Brower sagt in Betreff der Fuldaischen Gebetsverbrüderungen p. 98: Exstant . . in archivo Fuldensi plurima monastica fraternitatis iura cum variis monasteriis vel religiosorum familiis inita et renovata, in quibus etiam cum ecclesia Cluniacensi pactum foedus legitur anno 1197. Ueber die Fuldaischen Todtenbücher handelte Dr. Karl Roth in den „Kleinen Beiträgen zur deutschen Sprach-, Geschichts- und Ortsforschung V. (Ergänzungs)heft. S. 228 ff. München 1852.

[125] Urk. dat. 1309 Jun. 29 ohne Ausstellungsort; abschriftlich erhalten in FU. II, no. 199.

[126] Deutsche Urk. dat. 1312 Feb. 15. FU. IV, 72.

[127] Chuonradus rex huic vitae decedens in Fulda monasterio honorifica sepultura tumulatus est. Contin. Regin. SS. I, 615. — D. no. no. 656. 657. 658.

[128] Dass die wissenschaftlichen Bestrebungen, durch welche Fulda vor Alters her sich auszeichnete, auch in dieser Zeit keineswegs erstorben waren, darauf deuten die in den Zeugenreihen öfters vorkommenden magistri, magistri puerorum, rector scholarium; namentlich aufgeführt sind die magistri physici Reymundus und Nicolaus.

[129] Vergleiche die für die Kunstgeschichte nicht uninteressante Nachricht der Chronik des S. Petersklosters an der Werra, abgedruckt in „Rerum et antiquitatum Germanicarum Syntagma" von Ch. F. Paullini. S. 299.

Besuche und der durchreisenden Pilger,[130] wohlgepflegte Gärten und Wirthschaftsgebäude, umhegt mit einer hohen Mauer bildeten den Complex der altehrwürdigen ecclesia maior, der Begründerin des Christusglaubens und der Cultur der deutschen Kernvölker. Ausserhalb des eigentlichen Klostergebietes jedoch in seiner unmittelbaren Nähe lag die von Heinrich V neuerbaute Abtsburg.[131]

Daran schloss sich die von Marquard I (1150—65) mit Mauern, Thürmen und Gräben wohlbewährte,[132] bereits zu Ansehen und Reichthum gelangte, dem Abte untergebene, von Bürgermeistern und Schöffen verwaltete[133] Stadt Fulda,[134] die dem Kloster ihr Dasein, dem Abte ihr Stadtrecht verdankte.[135]

Rings um die Stadt und die damals noch ausserhalb derselben liegenden ein eigenes Viertel bildenden Stiftsgebäude erhoben sich auf den das Fuldathal krönenden Höhen in einer Entfernung von 5—30 Minuten die secundariae ecclesiae Fuldenses, die Böhmer so sinnig Glaubensburgen genannt hat. Diese Kirchen, urkundlich auch conventus montium genannt,[136] hatten jede einen be-

---

[130] Ut . . pauperibus quoque et peregrinis tempore susceptionis usus necessarios possint (monachi) praebere, secundum id, quod sanctae regulae propositum atque mandatum iubet, monachos in susceptione hospitum pauperumque semper esse paratos, wurde ein Theil der Zehnten verwandt. D. no. 656.

[131] B. 319.

[132] Et ut per omnia bellorum pericula locum ac populum nostrum in securitate et quiete habitare facerem, totam Fuldenkem villam muro firmissimo circumdedi valloque et aggere firmavi, propugnacula locavi, portas ferratas et seratas aptavi et ipsum populum tam aedificiis quam armaturis munivi. Vita Marquardi I. D. Tradit. et antiquit. pag. 155.

[133] In den Zeugenreihen kommen Namen von Bürgermeistern und Schöffen vor, die noch heute in Fulda existiren. Vergl. S. D. no. 98; D. no. 848; FU. V, 346 u. s. f.

[134] In der noch wenig beachteten aber sehr werthvollen vita Henrici VI heisst es: oppidani Fuldenses abbati et ecclesiae pleno iure subjecti .... cum essent impinguati, incrassati et dilatati recalcitraverunt (1330—31) et in multitudine suarum divitiarum gloriando se contra H. abbatem pestifera rabie in superbiam erexerunt, in tantum quod iura et inrisdictiones sibi in detrimentum honoris abbatis usurparent. S. II. II p. 237.

[135] Die älteste Nachricht über den Haupterwerbzweig und den Dialect der Fuldaer Bürger findet sich in S. Bertius, commentariorum rerum Germanicarum libri tres. Amstelodami 1626. (Das ganze ist ein Baedecker alten Stils). „Cives lana et lino victum quaeritant mercesque suas evehunt partim Herbipolim Franconiae partim Castellum Hassiae. Sermo ipsis medius inter idiotismum superioris et inferioris Germaniae p. 541.". Ein interessanter Beweis, dass damals in Fulda der s. g mitteldeutsche Dialect gesprochen wurde.

[136] D. no. 849.

sonderen Convent, an dessen Spitze ein Propst stand. Die Pröpste hatten Einfluss auf alle wichtigeren Beschlüsse der ecclesia maior und mussten bei allen wichtigeren Angelegeoheiten herangezogen werden. [137] Die conventus montium, welche dem Hauptkloster pleno iure unterworfen waren, sind die Klöster auf dem Michaelsberg, [138] Frauenberg, [139] Petersberg, [140] Johannisberg [141] und Neuenberg, [142] die an Alter theilweise an das der Hauptkirche hinaufreichen.

Um dieses Centrum schloss sich nun ein weit ausgedehnter Kranz von Männer- und Frauenklöstern, die, wenngleich in den Diöcesen verschiedener Bischöfe angesiedelt und nicht einmal alle derselben Obedienz angehörig, wie der Abt und sein Convent, dennoch der ecclesia maior in temporalibus et spiritualibus pleno iure unterworfen waren. [143] So beschränkt der Abt die Zahl der Nonnen in Hoeste ord. s. August. auf 32, verbietet die Aufnahme leiblicher Schwestern und untersagt die Ueberschreitung der Clausur Seitens derjenigen adeligen Fräulein, die um Elementarunterricht zu erhalten (psalterii addiscendi causa) das Kloster besuchten. [144]

Der um die Wahrung der seiner Kirche zustehenden Rechte sehr gewissenhafte Heinrich V hebt in einem Schreiben an den Con-

[137] S. D. no. 95. Böhmer, Acta imperii selecta, no. 509; S. C. no. 576 u. s. f.

[138] Hier befindet sich der Begräbnissplatz der Mönche des Hauptklosters; die unter Abt Eigil (817—822) vollendete Kirche, eine der ältesten in ganz Deutschland, ist in ihren Grundformen, der alten Crypta und der auf einer Säule ruhenden achtsäuligen Rotunde, noch heute wohl erhalten.

[139] Hier wohnte der hl. Bonifatius. Der Name Bischofsberg, mons episcopi, ist in unserer Zeit urkundlich nicht erweislich; dafür ist der Name mons s. Mariae, wofür in deutschen Urkunden die Benennung „Frauenberg" vorkommt, herrschend geworden. FU. IV, 29. u. sonst öfters.

[140] Bekannt durch den Aufenthalt des hl. Rabanus. Der alte Name „Uvesberg" ist für unsere Zeit nicht erweislich.

[141] Nicht zu verwechseln mit dem Kloster Johannisberg im Rheingau, das zu Fulda zwar schon vor Heinrich V gehörte, dessen Zugehörigkeit sich jedoch gerade für unsere Zeit nicht belegen lässt.

[142] Für das dortige Kloster wird bereits monasterium novi montis, in monte novo, s. Andreae promiscue gebraucht. Abt Richard (1018—1039), der Erbauer dieses Klosters, ist daselbst begraben. Zeitschrift des Vereins für Hessische Geschichte und Landeskunde IV, 261. Vergleiche über die 4 letztgenannten Kirchen die vita Bardonis. SS. XI, 325. Auch bei Will, Einleitung 50—51 ist die interessante Stelle angezogen. Ob diese Propsteien bereits damals die Aufnahme von der adeligen Geburt des Aspiranten abhängig machten, ist zwar nicht direct erweislich, aber in hohem Grade wahrscheinlich.

[143] Vergl. Anm. no. 120 u. 121.

[144] S. D. no. 90.

vent des Nonnenklosters Capellendorf (zwischen Jena und Weimar),
in welchem er darauf hinweist, dass unter seinen Vorgängern die
Beziehungen der Klöster mit der Hauptkirche mannigfach gelockert
worden, [145] ausdrücklich hervor, dass die Einsetzung des Propstes und
der Aebtissin ihm zukomme, und warnt vor künftiger Missachtung
dieses Rechtes. [146]

Der Unterwerfung der Klöster unter die Iurisdiction des Abtes
entsprach von seiner Seite die Pflicht, dieselben sowohl gegen die
Eingriffe der Sprengelbischöfe als auch gegen die Bedrückungen
habgieriger Grossen in Schutz zu nehmen. [147]

Geographisch vertheilten sich unter Heinrich V die der Fuldaischen
Kirche untergebenen Klöster auf Thüringen, Franken, Schwa-
ben und Hessen. Ihrer Obedienz nach sind es Benedic-
tiner-, Augustiner- und Cisterzienserklöster. Von den
bei Schannat angeführten Klöstern, die überhaupt jemals zu Fulda
gehört haben, lassen sich für unsere Zeit, ausser den bereits besprochenen 5 conventus montium, noch folgende [148] als pleno iure dem
Abte unterworfen nachweisen: Holzkirchen ord. s. Benedicti, Solen-
hoven ord. s. Bened., Capellendorf ord. s. Bened, Tulba ord. s.
Bened., Hoechst ord. s. August. und Blankenau ord. Cister. [149]

, Den Klöstern reihen sich als zur Hierarchie des Abtes gehörige-
Collegiatstifter an die Kreuzkirche zu Hünfeld und die Johanniskirche
zu Rasdorf. [150] Ein einziges Mal geschieht auch der Franziscaner
conventualen, der fratres minores, [151] Erwähnung, die unter dem

[145] Verum quia ex negligentia tam dominorum abbatum Fuldensium quam
et rectorum vestrorum praepositorum, qui pro tempore fuerint, a praefata subiectionis observantia per aliqua tempora cessatum est, nos de hoc laesas habentes
conscientias erroremque sive negligentiam in hoc utrobique commissam salubriter
emendari seu corrigi affectantes . . recognoscimus. S. D. no. 93. OU. in M.

[146] S. Anmerk. no. 121.

[147] S. Anmerk. no. 121.

[148] Das S. Peterskloster in monte crucis an der Werra hat, wenn wir auch
seine Subordination unter die Iurisdiction des Abtes nicht erweisen können, sicher
in nahen Beziehungen zu Fulda gestanden. FU. III, 309: S. C. no. 208.

[149] Letzteres zur Zeit unseres Abtes hochangesehene und von allen Seiten
beschenkte Kloster war zwar nicht von Heinrich V selbst, der allerdings in der
betreffenden Urkunde des Abtes Marquard II als Zeuge genannt wird, mit einem
Spital verbunden worden (vergl. Arnd, 75), hatte aber von ihm die Vergünstigung
erhalten, dass seine mit Wein und Korn beladenen Wagen beim Passiren der
Stadt Brückenau Zollfreiheit geniessen sollten. S. D. no. 95. CU. in M.

[150] Beide Collegiatstifter werden zu Heinrich V Zeit wiederholt erwähnt.

[151] Bereits im Jahre 1237 waren zwischen dem Abte und dem Provinzial
des neuentstandenen Ordens bezüglich der Aufnahme im Stift Unterhandlungen

Abte Conrad III von Malkos im Jahre 1238 in'Fulda eine Custodie errichtet hatten, indem im Jahre 1302 die Aebtissin von Blankenau in Anbetracht einer bedeutenden ihrem Kloster zu Theil gewordenen Schenkung verspricht, einen Theil davon den Franziscanern in Fulda zu geben.[152] Auch scheint Heinrich V in einem Rundschreiben an die Aebte des Benedictinerordens auf den blühenden Stand des Franziscanerordens in Fulda hinzuweisen wenn er sagt: Sancti statuti observantia, quam sit utilis et salubris, ordinum illud observantium continuum in spiritualibus et temporalibus incrementum manifestis edocet argumentis.[153]

Dass neben den Klostergeistlichen und Stiftsherrn, denen ein grosser Theil der Seelsorge obgelegen haben mag, die Abtei auch noch einen zahlreichen Säcularclerus besass, braucht wohl kaum hervorgehoben zu werden; ebenso, dass die Besetzung der Pfarreien, und wo Patronatsrechte geltend gemacht werden konnten, die Bestätigung der Pfarrer vom Abte ausging, von dem der betreffende nach vorausgegangener Weihe durch den Bischof auch die missio canonica erhielt. Es lassen sich für die Existenz einer höchst stattlichen Anzahl von Pfarreien und Caplaneien, die allerdings meist viel älteren Datums sind, aus unserer Zeit eine Menge urkundlicher Belege erbringen.[154]

Der für die Stiftsgeschichte epochemachende die

gepflogen worden. Die Erlaubniss ihrer Niederlassung in Fulda wurde jedoch an die ausdrückliche Bedingung geknüpft, dass sie während eines Interdictes nur bei verschlossenen Thüren und zwar unter Ausschluss aller excommunicirten und mit dem Interdict belegten die hl. Geheimnisse feiern dürften, dass kein Ordensmitglied, das nicht vom Papste selbst dazu bevollmächtigt sei, an den hohen Festen der Benedictiner, oder Vormittags ohne specielle Erlaubniss des Abtes predigen dürfe, und dass zur Beerdigung der Ministerialen der Fuldaer Kirche, wenn sie auf der Grabstätte der Franziscaner stattfinden solle, jedesmal die Erlaubniss des Abtes eingeholt werden müsse.

Diese für die Geschichte des Ordens wichtige, in ihren Einzelheiten höchst interessante Urkunde ist bei S. D. no. 54 abgedruckt und gibt uns nebenbei bemerkt wiederum einen Beleg dafür, dass dem Abte das Recht die Excommunication zu verhängen, zustand: ad divinum officium non recipiemus scienter excommunicatos a vobis (abbate).

[152] S. D. 164.

[153] S. H. II, no. 108.

[154] Vergleiche für die Stadtpfarrei in Fulda D. no. 848, S. D. no. 98; für Margrethenhaun, Borsch, Hosenfeld, Lütter, Salzungen, Vacha, Hennebach, Flieden, Steina, Eiterfeld, Haselstein etc. etc. Belege zu erbringen werde ich bei der demnächstigen Veröffentlichung der Regesten des Fürstabtes Heinrich V von Weilnau Gelegenheit haben.

Klosterdisciplin nicht unerheblich beeinträchtigende
Streit des Abtes Heinrich V mit seinen Conventualen[155]
scheint sich zwar ganz innerhalb der Klostermauern bz. im fernen
Rom abgesponnen zu haben. Doch musste dem nur einigermassen
aufmerksamen Beobachter, wenn man auch alles zu vermeiden suchte,
was das ohnehin schon geschädigte Ansehen des Stiftes nach aussen
hin noch mehr hätte beeinträchtigen müssen, die Uneinigkeit des
Abtes mit seinen Mönchen mehr oder weniger zum Bewusstsein
kommen. Dies that jedoch der Opferfreudigkeit des gläubigen Volkes
keinen Eintrag. Die grossartigen Schenkungen, wie sie die Fuldaischen Urkundensammlungen aus der Karolinger- und Ottonenzeit auf-
weisen,[156] haben allerdings aufgehört. Doch hatte auch damals noch
der hl. Bonifatius viele begeisterte Verehrer, die ihr Hab und Gut
auf das Grab des grossen Stiftspatrons niederlegten.[157]

---

[155] Durch päpstliche Entscheidung wurde damals Abts- und Conventstisch
für immer getrennt. B. 3 7 8. H. I, 14 u. 211. Das Nähere wird die Darstellung der Regierung des Fürstabtes Heinrich V bringen.

[156] Ich erinnere hier nur an 3 dem Kloster Fulda zu Theil gewordene
noch wenig beachtete grossartige Schenkungen. Forschungen V, 386 heisst es:
„Bernhardus comes de Saxonia Bonifatio seu monachis Fuldensibus di-
midiam partem suae hereditatis dedit de agris, mancipiis, aedificiis et arcibus.“
Und „Hatto abbas a Bernhardo quondam comite per litteras petit, ut eorum
bonorum, quae in Italia collegium Fuldense possideat, fidelem ipse
agat tutorem ac ne abalienentur prospiciat.“
Eine der grossartigsten Schenkungen des Stiftes ist das S. Andreaskloster
in Rom, das s. g. Exilium, mit seinen Weinbergen, Obstpflanzungen und weit
ausgedehntem Areal innerhalb und ausserhalb der Stadt Papst Benedict VIII
(1012—24) schenkte es wahrscheinlich schon bei seiner Anwesenheit in Fulda
1021 dem Abte Richard und bekräftigte diese Schenkung 1024 durch eine Urkunde, welche zugleich die älteste uns erhaltene päpstliche Originalurkunde ist.
D. no. 736. Diese Schenkung, durch welche einem sehr fühlbaren Bedürfnisse ab-
geholfen wurde, indem die Aebte damals als Kirchen- und Reichsfürsten weit öfter in Rom weilten, als mancher Bischof, wurde nach
Dronke neunmal bestätigt, zuletzt durch eine Bulle Eugen III aus dem Jahre
1151. Ob das Kloster noch zu unserer Zeit zu Fulda gehört habe, ist durch
nichts bezeugt; es scheint, wie so viele andere Besitzungen Fulda's in Italien,
damals bereits so gut wie verloren gewesen zu sein. Arnd pag. 47 lässt Clemens II (Suitger v. Bamberg) die Schenkung machen, der dieselbe jedoch nur bestätigte. D. no. 747.

[157] Nach altem Brauche wurden die Urkunden, auf welchen das Object der
Schenkung verzeichnet stand, dem advocatus ecclesiae feierlich übergeben, der
sie dann auf den Altar des hl. Bonifatius bzw. des Heiligen, zu dessen Ehre die
Schenkung gemacht war, deponirte Die vielen Tausende von Hufen, die auf diese
Weise in den Besitz des Klosters gelangten, sind dadurch volles Allodialgut

VI.

Es kommt nun noch die Stellung in Betracht, die dem Abte
den übrigen Aebten seines Ordens gegenüber zukam. Auch hier
zeigt sich, mit welch' freigebiger Hand die P.'pste die ihnen ans
Herz gewachsene Stiftung des hl. Bonifatius mit Ehren überhäuften. [158]

Auf persönliche Verwendung [159] Ottos bestätigte Papst Johann XIII
dem Abte Werner die Privilegien des Klosters und verlich ihm dem

des Stiftes geworden, und müsste, wenn nach Ficker's Behauptung (s. unten
S. 45 u. ff.) auch die von Privaten geschenkten Liegenschaften eo ipso Eigenthum des Königs geworden wären, ganz abgesehen von der im Mittelalter tief
eingewurzelten Ueberzeugung, dass man die Schenkung eigentlich Gott bzw. einem
Heiligen mache, der feierliche Traditionsact als reines Possenspiel erscheinen.
Vergl. hierzu auch Loening, Gesch. des deutsch. Kirchenrechts II, 633, Anmerk.
1, wo darauf hingewiesen wird, dass rechtlich nicht die Person des Heiligen,
sondern die kirchliche Anstalt als Eigenthümer galt. Dass übrigens der Heilige
selbst in Gerichtsurkunden als Processpartei nirgends aufgeführt wird, scheint
mir zu viel behauptet. S. unten S. 46.

[158] Wenn B. 64 sagt: Aliis quoque aucta iurisdictionis potestas, qua noxas
leviores indulgendo (Verleihung eines unvollkommenen Ablasses), qua anathe-
mate plectendo sontes, qua denique tondendo clericos et minoribus sacris officiis
mactando atque adeo subdiaconos etiam inaugurando, so liegt die Vermuthung
nahe, dass er die vom Gegenpapste Paschal III ausgestellte Urkunde noch ge-
kannt hat. Die hier angeführten Privilegien, die Brower mit Recht munera
quasi episcopalia nennt, lassen sich aber mit Ausnahme des Rechtes den
Bann zu verhängen und der Mönchstonsur [Abt Marquard I tonsurirt bei der
Belagerung von Tortona 1155 den Ritter Ulrich de Rinowa, qui se monachum
Ebersheimensem fieri rogavit; cumque ab abbate Vuldonei tonsuratus et cuculla
indutus fecisset, statim defunctus est. Chronicon Ebersheimense SS. XXIII, 446],
zumal sie von einem Gegenpapste verliehen und niemals bestätigt wurden, in
keiner Weise aufrecht erhalten, und selbst Schannat wagt nicht, daraus irgend
welche Folgerungen zu ziehen. Privilegia, quae Hermannus a Paschali retulisse
fertur, . . . cum non exstant amplius, nihil quidquam de iis post Browerum ex-
struere praesumimus. S. H. I, 179.

[159] Quia per interventum domini Ottonis imperatoris augusti sanctae ecclesiae defensoris Werinharius abbas postulavit a nobis . . . D. no. 713, aus dem
Jahre 969.

Wunsche des Kaisers entsprechend [160] den Primat vor allen Aebten Galliens und Germaniens, welche Würde in dem Rechte des Vorsitzes auf allen Versammlungen zum Ausdrucke kommen sollte. [161] Dieses Privilegium wurde auf Bitten König Otto III und seiner Grossmutter Adelheid von Johann XV im Jahre 995 bestätigt [162] und vom Papste Sylvester 999 durch das Recht erweitert, bei (geistlichen) Gerichtsverhandlungen die erste Stimme abzugeben und Ordensconcilien abzuhalten. [163]

Das hohe Alter dieses Rechtes der Fuldaischen Aebte verdient besondere Betonung; denn Rommel behauptet, dass sich Abt Hein-

[160] Adiicientes autem pro magno amore praefati piissimi domni Ottonis imperatoris specialiter constituimus ut . . . D. no. 713.

[161] Specialiter constituimus, ut iisdem Fuldensis abbas ante alios abbates Galliae seu Germaniae primatum sedendi in omni loco, quo conveniant, obtineat, necnon archimandrita consultior et honorabilior nostra apostolica auctoritate permaneat. D. no. 713.

[162] Per interventum domni Ottonis regis . . . votumque piissimae aviae suae Adelheidae imperatricis augustae . . . D. no. 725. Jaffé no. 2950.

[163] Inter omnia Germaniae coenobia primum ordinem sedendi sive iudicandi et consilium habendi tibi tuisque successoribus attribuimus D. no. 728. bestätigt D. ne. 741 etc. Noch nachdrücklicher ist die Erweiterung des Ansehens der Fuldaischen Aebte ausgesprochen in der uns noch im Original erhaltenen Bulle Clemens II aus dem Jahre 1046.

Inter omnia Germaniae totius coenobia primum honorem in sessione sive in iudiciali sententia seu in omnibus conciliis ac ordinibus tibi tuisque successoribus attribuimus habendum. D. no. 748.

Gemäss dieser Urkunde war die Abtei, was die Tragweite ihrer Privilegien anlangt, selbst in den Augen des Papstes die angesehenste der Welt; denn nach der Aufzählung derselben sagt Clemens II, dass Fulda universa inter totius orbis coenobia all die erwähnten Rechte besitzen und für alle Zukunft behalten solle. Indess weigerte sich der Papst den usum sandaliorum, calligarum ac dalmaticarum, sowie das Barttragen zu bestätigen. Er verbietet diese Missbräuche, wenngleich sie von früheren Päpsten (vergl. D. no. 725) indulgirt wurden. Er tröstet gewissermassen den Abt damit, dass selbst dem Kloster, welches den Leib des Apostels Paulus berge, und welches dem apostolischen Stuhle am nächsten stehe, dieses Recht versagt sei. Die Gegenüberstellung des Bonifatiusklosters und des Paulsklosters in Rom spricht für das hohe Ansehen der Abtei Fulda deutlicher als manche päpstliche Urkunde. Die betreffende Stelle lautet: Si eniu monasterium nostrum, quod sacratissimum beati apostoli Pauli corpus amplectitur, huuc superstitiosum morem a sancto Petro impetrare non meruit, aliqua orbis terrarum abbatia qualiter obtinebit? . . Si dignum hoc nostris decessoribus videretur, abbatia s. Pauli, quae universis proximior ac familiarior nostrae sedi fore constat, dalmaticis ac sandaliis sollemniter potiretur. Unde quod s. Paulus a sancto Petro non expetit, ceteri iuniores sancti (damit ist auch Bonifatius gemeint) nostra inevitabili auctoritate obtinere desistant. D. no. 748. Vergl. Anmerk. 44.

rich **V** durch die Einladung zum Generalcapitel des Benedictinerordens nach Fulda im Jahre „1209“ über alle Aebte und Prälaten des
Ordens erhoben habe. [164] Kam auch das von dem für die Refor-
mation seines tiefgesunkenen [165] Ordens eifrig besorgten Abte nach
Fulda berufene Ordensconcil [166] nicht zu Stande, [167] so beweisen doch
die Antwortschreiben der Schwäbischen und Bairischen Benedictiner-
Aebte, [168] sowie eine Urkunde Sächsischer Prälaten dieses Ordens, [169]
dass das Recht Heinrich V Ordenscapitel auszuschreiben damals
vollkommen anerkannt wurde. [170]

[164] Rommel, Geschichte von Hessen II, 61. Das Einladungsschreiben des
Abtes (S. II. II, no. 108.) fällt in das Jahr 1292.

[165] Der Abt sagt in dem uns auch in einer wohlerhaltenen Marburger
Copie vom 30 Juli 1494 erhaltenen Rundschreiben status et successus mi-
serabilis nostri s. Benedicti ordinis, qui olim, utpote primus et quasi
fons et origo ceterorum . . . neo non populari aestimatione approbatus . . . nunc
vero propter defectum concordiae seu unitatis rectorum suorum lapsum agitat et
rninam, adeo ut cum quondam conversationis sanctimonia spectabilissima appa-
reret, modo quam abhominabilis et despectissimus maxime per ter-
minos Alamaniae reputetur, intuontium omnium oculis manifestatur.

[166]. Das Weitere demnächst in der Darstellung der Regierung Heinrich V.

[167] Dass das Ordenscapitel damals nicht zu Stande kam, wie Schannat annimmt, beweist der Bericht des Chronicon Sampetrinum, welches das von
Heinrich VI auf den Johannistag des Jahres 1336 nach Fulda berufene Ordenscapitel das erste nennt. Chronicon Sampetrinum, 175. Vergleich auch S. II.
I, 222.

[168] S. H. I, 211. OU. in M. — [169] S. II. I, 211.

[170] Das von Johann von Merlau im Jahre 1420 gehaltene Generalcapitel
nennt Schannat inconsequent genug das zweite; nach seiner Zählung müsste es
das dritte sein.

VII.

Dass die jeder geistlichen Iurisdiction entrückte, nur unter dem päpstlichen Stuhle stehende Abtei Fulda von jeher in directen Beziehungen zum Reiche stand, und keinem andern weltlichen Herrn als dem Kaiser unterworfen war, ist eine unbestrittene Thatsache. Es fragt sich nun aber vor allem, in welchem Verhältnisse der Grundbesitz der Kirche zum Reiche gestanden habe; und möchte ich umsomehr auf diese Frage eingehen, als gerade neuerdings die bereits von Sartori[171] ausgesprochene Ansicht, „dass die ganze Gütermasse eines geistlichen Churfürstenthums oder Fürstenthums Reichslehen sei", von Ficker[172] wiederholt worden ist. Die Abhandlung von Waitz in den Göttinger gelehrten Anzeigen[173] hat nachgewiesen, dass sich das Ficker'sche System in seiner ganzen Ausdehnung, insbesondere aber im Bezug auf die Bisthümer nicht halten lasse. Auch haben Matthaei[174] und neuerdings Loening[175] auf das Unge-

[171] L. c. II, 1, 1011.

[172] J. Ficker, Ueber das Eigenthum des Reiches am Reichskirchengute. In den Sitzungsberichten der phil.-histor. Klasse. Wien 1872. p. 55—146.
Auch Schulte hält in seiner Deutschen Reichs- und Rechtsgeschichte 3. Auflage 188 Anmerk. 15 a den Satz aufrecht, „dass die von dem Kaiser ausgehenden Donationen regelmässig Lehen waren, und dass man die Stiftsgüter von Reichs wegen als Lehen ansah. Nach Schulte l. c. handelt Zöpfl in seinen Alterthümern II Theil über diese Materie in der Absicht (?), die Allodialität als Regel hinzustellen.

[173] Jahrgang 1873 p. 831—39.

[174] G. Matthaei, die Klosterpolitik Kaiser Heinrich II, Göttinger Dissertation 1877. p. 15—16. Anmerk. 1 u. p. 61. Matthaei kommt unter andern zu dem wichtigen Resultate, dass seit dem IX Jahrhundert die Reichsdienste der kirchlichen Institute nicht mehr auf diesen selbst ruhten, sondern auf ihren Vorstehern, und dass demgemäss die Bischöfe und Aebte den Reichskriegsdienst etc. von ihrem Gute, nicht vom allgemeinen Gute der Kirche leisteten.

[175] Dr. E. Loening, das Kirchenrecht im Reiche der Merowinger, Strassburg 1878. (2. Band seiner Gesch. des deutsch. Kirchenrechts.) Vergl. Kapitel

reimte der Ficker'schen Ansicht treffend hingewiesen. Wenn indess bei irgend einer Reichskirche die Durchführung dieser Theorie auf Schwierigkeiten stösst, so zeigen sich dieselben als geradezu unüberwindlich, wenn wir das Verhältniss des Güterbesitzes der Fuldaischen Kirche zum Reiche näher ins Auge fassen.

Ficker thut unserer Abtei in seiner Abhandlung nur einmal Erwähnung, [176] wo er aus der. Thatsache, dass der Kaiser einen Tausch zwischen jener und der Magdeburger Kirche bestätigt, „quoniam utriusque loci tuitio vel defensio nobis pertinet", diesen besonderen Schutz als nothwendig mit der Herrschaft des Reiches über beide Kirchen zusammenhängend betrachtet. Nun steht es wohl von keiner Abtei weniger in Frage, dass sie unter dem besonderen Schutze des Kaisers und Reiches gestanden, dass sie eine Reichsabtei im eminenten Sinne des Wortes gewesen; [177] doch muss ich die daraus gezogenen Folgerungen als durchaus irrig bezeichnen, wie ich auch das über die „scheinbar" das Eigenthum der Kirche bezeichnenden Ausdrücke in Königsurkunden Gesagte und die statuirte Ausdehnung des Obereigenthums des Königs über die von Privaten erworbenen liegenden Güter, [178] im Hinblick auf die Güterverhältnisse des Hochstifts als vollständig unerweisbar halte. Denn abgesehen davon, dass sich in den Urkunden der Kaiser für das Kloster Fulda keine einzige Andeutung findet, die auf ein factisch existirendes oder auch nur beanspruchtes Eigenthumsrecht des Reiches schliessen liesse, liefert gerade die von Ficker angezogene Urkunde Otto II den Beweis, dass der damals in Tausch gegebene Grundbesitz des Klosters Allodium war. Die Tauschobjecte gehen de rebus ecclesiae Magadaburgensis in ius et proprietatem sancti Bonifatii bz. de possessionibus s. Bonifatii martyris pari mutatione in ius et proprietatem s. Mauritii martyris über, [179] und bestätigt der Kaiser den Vertrag rogatu fidelium Adalberti, . . . M. ecclesiae archiepiscopi et Werinharii abbatis, quoniam utilitatibus ecclesiarum imperatoria auctoritate nos providere oportet, si quid commodi faciendi in possessionibus ad easdem

VII. Das kirchliche Vermögen SS. 632—750, und insbesondere „Schenkungen der Könige" S. 667 ff. und Anmerk. 3 auf Seite 638.

[176] l. c. 96 u. 143.

[177] Fuldensis nostra regalis abbatia nennt sie Lothar III, bei Stumpf, Acta imperii adhuc inedita no. 99.' Conrad III spricht von ihr als der regalis et principalis totius Germaniae abbatia. D. no 802. — Insigne membrum imperii nennt sie Rudolf von Habsburg. D. no. 842

[178] Ficker, 118 u. 114. — [179] Vergleich Anmerk. 157.

dertinentibus ecclesias ab earum rectoribus intentatur, a nobis roborari decet; und, quoniam utriusque loci tuitio vel defensio nobis pertinet.[180] Selbst Kaiser Friedrich I hat von der Fuldaischen Kirche Lehengut besessen.[180a] — Uebrigens lassen sich für das volle, freie Eigenthumsrecht der Kirche hinsichtlich aller dem Kloster gemachten Schenkungen, seien sie nun dem Königsgut entnommen, oder von Privaten gespendet, gerade für die Zeit Heinrich V eine Fülle von Thatsachen erbringen, die bei der entgegengesetzten Annahme rein unerklärlich wären.

So übt Heinrich V als electus wenige Tage nach seiner Wahl, ohne vorher selbst vom Kaiser bestätigt bz. belehnt zu sein,[181] lehnsrechtliche Befugnisse. Wenn es nun nach den Constitutionen der Könige[182] und dem Schwabenspiegel[183] als rechtswidrig erscheint, dass gefürstete Aebte, bevor sie vom Könige investirt sind, Lehen übertragen, und unser Abt auch noch mit seinem Privatsiegel eine Lehnsurkunde ausstellt und sich vollständig als Lehnsherr gerirt, so ergibt sich hieraus schlagend, dass wir mindestens von den in Betracht kommenden Lehnsgütern annehmen müssen, dass sie ohne Umgehung des allerdings für die Weiterverleihung von Reichslehen gültigen Gesetzes[185] vor der königlichen Investitur des Abtes ver-

[180] D. no. 714.

[180a] Isti sunt principes, qui nostris temporibus (Eberhardi) beneficia videntur habere de hoc monasterio Fuldensi: Ipse imperator Fridericus, qui quondam dux, nobilissimi Friderici filius, qui non solum patris beneficium in Alsatia habuit, sed et Dipoldi marchionis beneficium tenuit. Dronke, Trad. et antiquitates Fuldenses, p 141.

[181] Nach dem Wortlaute der betreffenden Urkunde dat. Fulda 1288 Juli 26 abgedruckt bei Aschbach, Geschichte der Grafen von Wertheim II, no. 43, sowie nach dem Itinerar des Königs ist ein Zusammentreffen des Königs mit dem Abte vor dem Datum der Ausstellung undenkbar.

[182] In der sententia Heinrici regis de iure abbatiarum 1223 LL. II, 252 heisst es: Donationes mansorum, concessiones feodorum, obligationes pignorum ante regalium receptionem factae, sint in irritum revocandae.

[183] So man kiuset bischove oder aepte oder aeptissinne, die gefurstet sint, die enmugen dehein lehen gelihen, ê daz si ir reht empfahen von dem künige. cap 110. § 3. ed. Gengler 1875.

[184] Nos vero vobis vestra feuda, quae hactenus tenuistis et de iure a nobis et nostra ecclesia tenere debetis . . . transmittimus litteras per praesentes, ita tamen, quod infra spatium istius anni ad nostrum praesentiam veniatis a nobis vestra feuda in persona propria recepturus. Urkunde Heinrich V vom 26 Juli 1288. Siehe Anm. 181.

[185] In der sententia in favorem ecclesiarum Friedrich II 1234 heisst es: Ut nullus episcopus Theutonici regni de hiis, quae spectant ad regalia et

geben werden konnten; **dass also der Kirche volles Eigenthumsrecht über dieselben, als mit dem Reiche lehns-
rechtlich in gar keinem Connexe stehend, auch vor
der Investitur zustand.** Und sind wir zu dieser Auffassung
um so mehr berechtigt, als wir gerade bei Heinrich V nicht
annehmen können, dass er sich eines bewussten Uebergriffs in die
Rechte des Reiches jemals hätte zu Schulden kommen lassen. Wenn
wir ferner ins Auge fassen, dass König Albrecht die erledigten
Schwäbischen und Meissen'schen Lehen des Hochstiftes, die er für
seine Söhne zu erwerben suchte, nicht einfach einzog und nach
Wunsch vertheilte, was unter Voraussetzung des Eigenthumsrechtes
des Königs auf die Liegenschaften der Kirche ohne Anstoss hätte
geschehen können, sondern durch weitgehende Zugeständnisse und
Gunsterweisungen aller Art den Abt zur Uebertragung bewog, [186] so
scheint mir auch von diesen grossartigen Gütercomplexen das volle
Allodialrecht der Kirche Fulda erwiesen. Auch die uns im Original
erhaltene Urkunde Rudolfs, in welcher er die Privilegien des Hochstifts erneuert und bestätigt, [187] und in welcher wir auch die in der
Karolinger- und Ottonenzeit für Fulda gültigen Rechtsnormen ersehen
können, enthält nichts unserer Ansicht auch nur irgendwie Entgegenstehendes. Es braucht wohl kaum hervorgehoben zu werden, dass
dem Abte und seinem Capitel ein unbedingtes Verfügungsrecht
über alle Liegenschaften der Kirche zukam, und eine Genehmigung
von Seiten des Königs zu Tausch, [188] Kauf, Verkauf oder Verpfänd-
ung in keiner Weise eingeholt wurde, wie dies allerdings in früheren
Zeiten hie und da geschah, aber sicher nicht deshalb geschehen
musste, weil das Grundeigenthum der Kirche dem Könige bz. dem
Reiche gehörte.

Das freie Dispositionsrecht der Abtei über ihren Grundbesitz
und die Lehnsverleihung fand allerdings eine Schranke an der canonischen und oft auch vom Kaiser bestätigten Vorschrift, dass nur die
Ministerialen für die der Kirche zu leistenden Waffendienste und
für die Pflege der Gerichtsbarkeit in den einzeln Amtsdistricten mit

ab imperio tenet, aliquem infeodare possit praeter assensum nostrum. LL.
II, 305. Vergleich Anmerk. 210

186   Vergl. S. C. no. no. 8. 9. und Lichnowsky, Geschichte des Hauses Habsburg II, CCCIII, no. XXI.

187   D. no. 843. Die von den Kaisern und Königen der Fuldaischen Kirche
zur Zeit der Karolinger verliehenen Privilegien stellt übersichtlich zusammen
Gegenbaur l. c. I. 39 und ff.

188   Waitz, G. G. A. 1873. p. 833.

Stiftsgut belehnt werden dürften.[189] Diese Einschränkung erwies
sich jedoch practisch als höchst unwirksam, indem man trotz der
wiederholten Einschärfung dieses Verbotes sich darüber hinwegsetzte;
bis gegen Ende des dreizehnten Jahrhunderts der Missbrauch sich
bereits so sehr befestigt hatte, dass ein Einschreiten dagegen von
vornherein als erfolglos erscheinen musste.

Wenn nun auch das Reich durch seine Gesetze die kirchliche
Vorschrift unterstützte, so beruht doch die ganze Einschränkung lediglich auf der rein kirchlichen Anschauung[190] von der Unveräusser-
lichkeit des Kirchengutes an Laien, und erscheint daher aus dem
Umstande, dass die Befugnisse des Abtes und seines Capitels hinsichtlich des Güterbesitzes der Kirche auch durch Reichsgesetze
regulirt wurden, der Schluss auf ein Eigenthumsrecht des Königs
bz. des Reiches am Kirchengute unstatthaft.[191]

Nach den uns vorliegenden päpstlichen Urkunden aus der Zeit
Heinrich V können wir eher von einem Obereigenthumsrecht
des Papstes reden, welches dieser im Bezug auf die Besitzungen
des Klosters geltend machte. Dieser Anspruch des päpstlichen Stuhles
wurde nicht allein von dem allgemeinen Gesichtspuncte aus erhoben,
dass dem Papste als höchstem Repräsentanten der kirchlichen Gewalt, die Disposition über das gesammte Kirchenvermögen zustehe,
sondern auch durch das besondere Verhältniss begründet, in welchem
die Abtei von Zeiten ihrer Gründung an zu Rom gestanden hatte.
Mochte auch in der Karolinger- und Ottonenzeit der Einfluss der
königlichen Gewalt auf die Besetzung des Abtsstuhles und die Verwaltung und Leitung des Hochstifts überwiegen,[192] so beginnt doch

---

[189] Gegen die Verleihung von Zehnten etc. zu Lehen erliess Lothar III
1133 eine Verfügung, der zufolge die Missachtnng des Verbotes durch hohe
Geldstrafen geahndet wurde. Si quis contra hoc . . praesumpserit, centum libras
auri medietatem camerae nostrae et medietatem ecclesiis ad quas pertinet, com-
ponat; et is qui beneficiatur, temeritate accepti beneficii quinquaginta libras da
cameram nostram persolvat. D. no. 788.

[190] cf. Loening l. c. II, SS. 696—702.

[191] Aus der königlichen Verwaltung der weltlichen Besitzungen des Stiftes
unter König Rudolf (vergl. SS. 3 ff.), sowie aus dem Umstande, dass Fürstabt
Heinrich V dem Könige Adolf (seinem Verwandten) die Administration der Abtei
auf bestimmte Zeit überliess (S. II. I, 211), folgt nichts unseren Aufstellungen
bz. des Grundbesitzes der Kirche Entgegenstehendes. Näheres über die Administration der Abtei unter König Adolf wird in der Darstellung der Regierung des
Fürstabtes Heinrich V erbracht werden.

[192] Vergl. Anmerkung 32. — Abbatiam Fuldensem consilio regis et opti-
matum Sigehart (870—891) sponte (!) dimisit et Hugo praepositus praesentibus

4

bereits im XI Jahrhunderte, wo man den Verhältnissen in Deutschland von Rom aus grössere Aufmerksamkeit schenkte und auf genaue
Beobachtung der canonischen Vorschriften, besonders hinsichtlich der
Wahl der Kirchenfürsten wieder mehr Gewicht legte, eine entschiedene
Wendung zu Gunsten des apostolischen Stuhles. So werden von
Kaiser Heinrich II, welcher im Jahre 1020 mit Papst Benedict VIII
dem Kloster einen Besuch abstattete, [193] die Rechte der Curie auf
die Abtei vollständig anerkannt. [194] Und als der auf dem Reichstage
zu Worms anwesende Leo IX vor dem Kaiser und den Fürsten
seine Ansprüche auf verschiedene Besitzungen und Klöster in Deutschland geltend machte und insbesondere sein Verhältniss zur Abtei
Fulda zur Sprache brachte, konnte Heinrich III die von Alters her
begründete Zugehörigkeit der Abtei zum päpstlichen Stuhle nicht
mehr in Frage stellen. [195]

Nachdem der Investiturstreit über Deutschland hinweggegangen
war, und das Wormser Concordat [196] eine Verständigung der beiden
höchsten Gewalten erzielt hatte, versprach Heinrich V in dem mit
Calixtus II abgeschlossenen Staatsvertrage unter andern auch dem

legatis regis . . electus, Ratisponae cam a rege suscepit. Annal. Saxo, SS.
VI, 588.
[193] Stumpf no. 1747. Marian. Scottus, SS. V, 556.
[194] Er erklärt in dem Benedict VIII gegebenen Privilegium 1020 ausdrücklich : Super hos confirmamus vobis Fuldense monasterium et abbatis eius consecrationem atque omnia monasteria, cortes et villas, quas in Ultramontanis partibus s. Petrus habere dignoscitur . . Watterich, pontific. Rom. vitae I, 704. —
Heinrich II sagt D. no. 738: Multa enim dare debet (Fuld. eccl.) et Romanae et
regali curiae. — Der bei Muratori, Antiqu. V, 851—911 abgedruckte „liber censuum
Romanae ecclesiae" a Centio camerario compositus hiert Fulda gar nicht auf,
während er z. B. die Reichsklöster Blaubeuern, Zwifalten u. Weingarten (p.
875—76) als mit je einem marabuntinus besteuert registrirt.
[195] Ubi (Wormatiae) cum papa sicut dudum coeperat, Fuld. abbatiam alia-
que nonnulla loca et coenobia, quae sancto Petro antiquitus donata
feruntur, ab imperatore reposcens exegisset, domum imperator
pleraque in Ultramontanis (die Lesart der M. G. „Ultraromanis" scheint mir un-
richtig sein) partibus ad suum ius pertinentia pro Cisalpinis illi quasi per con-
cambium tradidit. Herm. Contract. SS. V, 132 Ficker (vom Reichsfürstenstande
S. 236) hat bei seinen Aufstellungen über die Beziehungen des Klosters zu Rom
den hier angezogenen Bericht, sowie auch das im Folgenden ausgeführte
übersehen.
[196] Ueber die hervorragende Stellung, welche der Abt Arnulf 1114—22 gelegentlich der das Calixtinum einleitenden Verhandlungen in Rom eingenommen,
referiren der Bericht Ekkehards und die continuatio Anselmi Gemblac. SS. VI, 259
u 278 Ipso tempore episcopus Spirensis et abbas Fuldensis legatione totius
regni apud sedem apostolicam peracta redierant ducentes secum Ostiensem epi-

Papste die Restitution aller Besitzungen und Regalien des apostolischen Stuhles, die während des langjährigen Streites verloren gegangen seien.[197] Dass hier auch die Abtei Fulda mit einbegriffen war, ersehen wir aus dem Briefwechsel des um die Abtei hochverdienten Abtes Wibald von Stablo-Corvey, dessen Nachrichten um so grösseres Gewicht haben, als er nicht nur beim Papste, sondern auch bei Lothar III, Conrad III und Friedrich I im grössten Ansehen stand. So nennt er den Papst specialis dominus der Kirche Fulda, bezeichnet das Kloster geradezu als eine Besitzung des Römischen Stuhles[198] und leitet das hohe Ansehen, welches die Abtei geniesse, nicht sowohl aus dem grossen Umfange ihres Gebietes als gerade von der Oberherrlichkeit des Papstes über dieselbe her.[199] Diese Auffassung prägt sich nicht nur in den an den Papst gerichteten Briefen aus, sondern wurde auch innerhalb der Klostermauern und von den Ministerialen vollkommen getheilt, wenn man auch Anfangs den wohlgemeinten Reformen des Papstes Widerstand entgegensetzte.[200] Der Papst wendet sich in einem Schreiben, in welchem er die Wahl des neuen gegen seinen Befehl aus dem Schoosse des Fuldaer Convents gewählten Abtes für nichtig erklärt, nicht nur an die Mönche, sondern ausdrücklich auch an die Ministerialen und entbindet sie von dem bereits geleisteten Treueide.

Bei all dem behauptet jedoch Wibald keineswegs, dass durch dieses Verhältniss zum Papste die Verpflichtungen des Klosters dem Kaiser gegenüber aufgehoben seien. Er hebt vielmehr in einem Briefe an den Papst, in welchem er demselben mittheilt, dass der ganze Streit durch die Anwesenheit des Kaisers in Fulda und sein und der Fürsten gewichtiges Wort unter Wahrung der canonischen

scopum vicem domni apostolici per omnia tenentem cum duobus cardinalibus, qui nihilominus a sede s. Petri ob reconciliationem regni et sacerdotii missi fuerant. Unter den das Calixtinum unterzeichnenden geistl. Fürsten befindet sich nur ein Abt und zwar der Abt von Fulda. LL. II, 76.

[197] Possessiones et regalia beati Petri quae . . ablata sunt . . eidem Romanae ecclesiae restituo. LL. II, 78.

[198] Wibald ad Fuld. Summus pontifex est et praeterea vester specialis dominus. Fuldense monasterium beati Petri ac sanctae nostrae Romanae ecclesiae singularis possessio est. Jaffé I, Wibaldi epistolae no. 123. p. 197. Cum enim huius monasterii possessio . . . pontifici Romano pertineat, is vobis eligendus erit . . Jaffé I, no. 138. p. 217.

[199] Ecclesia Fuldensis, quae amplissima est et spatiis et vestra speciali dominatione et ordinatione. Wibald an Eugen III. l. c. no. 79. p. 154.

[200] Siehe Anmerk. 29.

Formen und zum Nutzen der Kirche beigelegt sei, ausdrücklich hervor, dass der Kaiser im Interesse des Klosters und des Reiches habe Ordnung schaffen wollen,[201] damit die Abtei wieder ihrer geistlichen Aufgabe gewachsen und anderseits im Stande sei, auch den Pflichten gegen ihn den Kaiser nachzukommen.

Die ohnedies selbstständige Stellung der geistlichen Fürsten, welche bereits die Zeit der Gegenkönige Philipp und Otto wohl auszunutzen verstanden, hatte sich in Folge der zu ihren Gunsten von Friedrich II 1220 und 1234 gemachten weitgehenden Zugeständnisse,[202] durch welche meist schon factisch bestehende Verhältnisse sanctionirt wurden, auch rechtlich zur fürstlichen Landeshoheit ausgebildet. Rudolf von Habsburg brach nicht mit den Traditionen seiner Vorgänger; er bestätigte die Freiheiten der Kirche und beschwor die von Otto IV und Friedrich II dem heiligen Stuhle gemachten Versprechungen hinsichtlich der Stellung der geistlichen Fürsten.[203] Der Papst stand auf der Höhe seiner Macht; und sein Einfluss wuchs wie allerorts so auch in Deutschland in demselben Masse, als die Macht des Königs erlahmte. Wenn indess in päpstlichen Urkunden aus der Zeit Heinrich V der Papst das volle Dispositionsrecht über den Güterbesitz des Stiftes übt, wie dies in klaren und bestimmten Ausdrücken zu Tage tritt, so sind die Ansprüche des apostolischen Stuhles durch vielhundertjähriges Recht begründet[204] und practisch längst geübt worden. Der Papst überträgt dem Neuerwählten ausdrücklich die cura et administratio ipsius monasterii in spiritualibus et temporalibus,[205] setzt den Kaiser in einem eigenen Schreiben davon in Kenntniss[206] und fordert die Vasallen und Ministerialen der Kirche auf, dem von ihm eingesetzten Abte den Treueid zu leisten.

[201] Wibald an Eugen III. Rex Fuldam venit . . . Cui curiae interfuerunt . . principes et nobiles multi, a quibus inter cetera regni negotia consilium quaesivit, qualiter Fuldense monasterium sic Deo autore ordinaret, quatenus ibidem quae Dei sunt Deo et quae Caesaris sunt, Caesari redderentur. Darunter ist vor allem Hof- und Heerdienst der Abtei zu verstehen, Pflichten, welche zur Zeit innerer Wirren und längerer Sedisvacanz nicht erfüllt werden konnten.

[202] LL. II, 236 u. 305. Vergl. Anmerk. 31 und Anmerk. 34.

[203] LL. II, 394 u. ff. u. 401. Auch König Albrecht I erneuerte die von seinen Vorgängern gemachten Concessionen. LL. II, 485.

[204] Vergl. Anmerk. 53 und 88. 50 u. 51 mit den Anmerkungen.

[205] S. H. II, no. 110, 101. 102. 103. 126.

[206] S. Anmerk. 40.

Vom Stifte selbst wird in dem Streite, der sich lediglich um den Besitz von Natural-Einkünften und Liegenschaften dreht, der Papst als einzig competenter Richter angerufen;[207] während dem Kaiser nur temporär die Verwaltung der weltlichen Angelegenheiten des Stiftes übertragen wurde.[208]

[207] Vergl. Seite 41 und Anmerkung 155.

[208] S. H. I, 211 und Böhmer, acta imperii selecta no. 509. Vergl. auch Anmerkung 191.

VIII.

Wenn wir demnach dem Kaiser ein Eigenthumsrecht auf den Grund und Boden der Kirche in keiner Weise vindiciren können, so unterstand das Stift mit all seinen Besitzungen nichts destoweniger der Oberhoheit des Kaisers, insofern er in seiner Person die höchste weltliche Gewalt auf Erden repräsentirte und als oberster Schirmherr der Kirche das Recht der defensio et tuitio besass.[209] Hinsichtlich der vom Könige stammenden Regalien befindet sich die Abtei in vollständiger Abhängigkeit vom Reiche. Regalien sind nach dem damals ausgebildeten Sprachgebrauche diejenigen Rechte und Befugnisse, welche den Territorialherrn innerhalb seines Gebietes mehr oder weniger mit derselben Gewalt ausstatteten, die der König im Reiche besass. Der Begriff der Temporalien, unter dem man logisch allerdings auch die Regalien subsumiren könnte, beschränkt sich factisch schon seit dem XIII Jahrhunderte auf die Liegenschaften und die daraus gewonnenen Einkünfte, die Rusticalien. Da nun aber der Grund und Boden der Kirche Fulda in seiner ganzen Ausdehnung Allodialgut ist, so wurde der Abt damit nicht erst vom Reiche belehnt, sondern es erstreckte sich vielmehr die Investitur nur auf die Regalien im eigentlichen Sinne des Wortes, auf die landesherrliche Gewalt: d. h. auf die Befugniss zur Ausübung sonst nur dem Könige vorbehaltener Rechte innerhalb des Territoriums.[210] Es ist mir wenigstens kein einziger Fall bekannt

---

[209] König Konrad III sagt: Ob divinum amorem praedictum Fuldense monasterium cum rebus et omnibus ad se pertinentibus in nostrum mundiburdium et in ius nostrae defensionis suscipimus et nostrae protectionis munimine roboramus. D. no. 802.

[210] Was die geistlichen Fürsten vom Reiche hatten, sagt uns eine Urkunde Friedrich II aus dem Jahre 1238: Quod theloneum, moneta, officium sculteti

geworden, dass vor dem Anfange des XIV Jahrhunderts die Kirche
Fulda durch Kauf, Tausch oder pfandweise in den Besitz eines
Grundstückes gekommen wäre, das zu dem Reiche, geschweige denn
zu irgend einem geistlichen oder weltlichen Fürsten in lehnsrecht-
lichem Connexe gestanden hätte. Eine königliche Urkunde vor dem
Jahre 1312, in der auf ein Lehnsverhältniss des Grundbesitzes der Abtei auch nur angespielt würde, existirt nicht;
und als der Abt auf seine Stadt Zellingen der grösseren Sicherheit
wegen [211] dem Könige verzichtete, um sie aus seiner Hand als Lehen
zu empfangen, hebt Heinrich VII ausdrücklich hervor, dass dem
Stifte das volle Eigenthumsrecht auf dieselbe zukomme. [212]

. Was nun die Regalien anlangt, so erfreute sich das Hochstift
schon zur Zeit der Karolinger und Ottonen ansehnlicher durch seine
Verdienste um das Reich erworbener, durch Kaiser und Könige
feierlich verbriefter Hohheitsrechte. Auch die Regierungszeit Heinrich V, in welcher sich die Landesherrlichkeit des Abtes nach allen
Seiten hin entfaltete und in gleicher Weise nach innen erstarkte,
zeigt, dass die Abtei einen grossen Theil ihres hohen Ansehens
im Reiche dem thatkräftigen Eingreifen ihrer Vorsteher in die
Reichsgeschichte und der daraus resultirenden Anerkennung von
Seiten der höchsten stattlichen Autorität zu verdanken hat.

Die schon zur Karolingerzeit von allen fiscalischen
Forderungen befreiten, der Gerichtsbarkeit der Grafen
völlig enthobenen Fuldaer Lande hatten sich von jeher
eines ganz besonderen Schutzes von Seiten der deutschen Könige
und Kaiser rühmen können. Gewissermassen mit der Freigebigkeit
des apostolischen Stuhles wetteifernd hatten sie es sich angelegen
sein lassen, die durch die Verbreitung des Christenthums und der Cultur seit den ersten Zeiten ihres Bestehens auch um die Lebensin-
teressen des Reiches hochverdiente Stiftung des hl. Bonifatius durch

---

et iudicium saeculare nec non et similia, quae principes ecclesiastici recipiunt
et tenent de manu imperiali . . . sine consensu nostro infeodare non possunt.
LL. II, 329.

[211] Der Bischof von Würzburg, mitten in dessen Gebiet aus dem Dorfe Zellingen eine befestigte Stadt gemacht werden sollte, und der sich schon früher
Eingriffe in die Immunität des Hochstifts erlaubt hatte, hätte sonst wohl alles
aufgeboten, die Befestigung zu verhindern.

[212] Cum H. abbas . . . princeps noster dilectus, villam Cellingen sibi
et ecclesiae suae Fuldensi proprietatis titulo pertinentem nostris
manibus libere resignarit, nosque eandem sibi . . . duxerimus in feodum conce-
dendum . . . indulgemus, ut villam in oppidum construat et cingat muris pariter
et fossatis . . . D. no. 859.

eine Fülle der weitgehendsten Privilegien frühzeitig zu der ersten Abtei des Reiches zu erheben, wie sie kirchlich längst alle übrigen an Ansehen überstrahlte. Die Besitzungen der Abtei, durch Schenkungen der Könige und· Kaiser und Grossen des Reiches und nicht minder durch die Freigebigkeit der niederen Laienwelt zu einer imposanten Ländermasse angewachsen, dehnten sich über alle Gauen des Reiches. Von Friesland bis zu den Alpen, von der Ostmark Deutschlands bis an den Fuss der Vogesen gab es kein Land, welches nicht Fuldaische Hufen umschlossen hätte.[213] Kein Kloster konnte sich an Reichthum mit der Kirche des hl. Bonifatius messen.

Ueber dieses ganze Ländergebiet hielt der Kaiser seinen mächtigen Arm und schützte es durch die Verleihung der Immunität vor jedem iurisdictionellen Eingriff der königlichen Gerichtsbeamten. Kein Richter war befugt, in die Kirchen, Dörfer, Flecken und Gehöfte des immunen Bezirkes einzutreten,[214] um irgend welche richterliche Functionen daselbst vorzunehmen.

Auf alle Dienstleistungen der auf dem Grund und Boden der Kirche sitzenden Leute, sowie auf Abgaben an den Fiscus hatten die Kaiser wiederholt zu Gunsten des Stiftes Verzicht geleistet.[215] Das vom Papste verliehene Recht, den Zehnten von den Grundholden der Kirche zu erheben, war vom Reiche anerkannt und bestätigt worden.[216] Die Kaufleute des Klosters hatten im ganzen

---

[213] Dronke, Trad. et antiquit. Fuldenses.

[214] Iubemus, ut nullus iudex publicus vel quilibet iudiciaria potestate in ecclesias, villas, loca vel agros, possessiones, quas . . . possidet monasterium, vel quae deinceps in ius ipsius loci . . . voluerit divina pietas augeri, ad causas audiendas more iudiciario vel freda undecumque exigenda, aut mansios vel paratas faciendas, aut fideiussores tollendos, aut homines ipsius monasterii tam ingenuos quam et servos super terram ipsius commanentes distringendos nec ullas redibitiones, aut illicitas occasiones requirendas nostrisque futuris temporibus ingredi audeat vel ea, quae supra memorata sunt, exigere praesumat. D. no. 619 aus dem Jahre 878.

[215] Ludovicus illustris rex Romanorum . . . suo privilegio tradidit et concessit scholasticis . . . Fuld. monasterii . . . colonos seu homines imperio attinentes, qui super terras eiusdem mon. commanent, sive iure hereditario sive alio quocunque titulo possideant, ut censum nec non servitium et omne ius, quo pro conditione sua ad fiscum regalem solvere debent, ad usum praedicti scholastici . . . solvere teneantur. D. no. 843. — Ut nullus iudex publicus . . . praefatos homines sollicitet aut inquietet, steuram ab iis aut aliquod servitium ex parte imperii exigendo nec ad iudicia publica eos ire compellendo in aliquo conturbare praesumat. D. no. 843.

[216] D. no. 7. Privilegium Stephans wird unter andern von Conrad I 912

Umfang des weiten Karolingerreiches auf allen Land- und Wasser-
strassen Zollfreiheit und standen unter Königsschutz.[217]
Das Stift besass bereits zur Karolingerzeit ein auf alle seine Besitzungen sich erstreckendes Privilegium des Zolles.[218] Bald
kamen hinzu das Markt- und Münzregal[219] und die Verleihung der Wild- und Forstgerechtsame[220] als einträgliche

bestätigt. Praecipimus etiam, ut de villis ecclesiae s. Bonifatii servis etiam et
colonis in illis manentibus, quas moderno tempore habere videtur, vel quae deinceps in iure ipsius sancti loci divina pictas voluerit amplificare, habeat praedictus
abbas . . . potestatem decimas accipiendas propter aedificia perficienda
vel restauranda luminariaque ecclesiarum renovanda. D. no. 656. Ueber den
Zehntstreit des Abtes Widerad mit dem Erzbischofe Sigfrid v. Mainz vergl. D.
no. 764. Ueber die Zehnturkunden des Klosters vergl. Sickel, Beiträge zur Diplomatik, in den Wiener Sitzungsberichten XXXIX, 141 ff. (Jahrgang 1862.)

[217] Liceat per omne regnum nostrum suos negotiatores ubicumque voluerint
transmittere et propria negotia, prout melius potuerint, exercere, nullusque iudex
publicus . . eis theloneum aut aliquam redibitionem quaerere praesumat, sed
liceat illis sine alicuius exactione gratia negotiandi tam per terram quam etiam
navibus huc illucque discurrere et cum salvatione de loco ad locum ire vel quibus
cumque locis commorari . D. no. 558.

[218] Dass Fulda selbst in den deutschen Niederungen Zölle besass, zeigt
die Fuld. Briefsammlung. Fuldense coenobium praeter alia bona etiam publica
tholonea habuit, ut apparet ex epistola abb. Fuld. ad Judith imperatoris coniugem.
Thelonea a Normannis ipsis erant erepta'; ut quae restituantur, Iudith Ludovici
coniugem sollicitant Fuldenses per epistolam. Forschungen V, 375.

[219] Legitimam monetam et publicum mercatum concedimus ac statuimus
omnibusque quibus placet vendendi et emendi facultatem et potestatem tribuimus,
omnium hominum contradictione et inquietudine remota. Theloneum etiam ac di-
strictum omniaque de eodem mercatu et moneta ex regali et imperiali iure
respicientia . . Fuld. ecclesiae donamus D. no. 734. — Münzstätten be-
fanden sich gegen Ende des XI Jahrhunderts in Fulda, Hammelburg, Vacha, Herbstein und Salzungen. — Im Jahre 1158 werden
urkundlich solidi Fuldensis monetae erwähnt, D. no. 823. — Die älteste erhaltene
Münze stammt aus der ersten Hälfte des XI Jahrhunderts. Zeitschrift des Vereins
für Hess. Geschichte u. Landeskunde IV, 266.

[220] Super forastrum eundem Branvirst nominatum incipientem de Milsi-
burg seseque trahentem in fluvium Huna . . bannum nostrum faccre iussimus
nostraeque dominationis auctoritate in perenne ius ecclesiae . . ad integrum confirmamus, ita ut nemo praeter licentiam abbatis . . in eodem forastro . . dehinc
venari aut alium aliquem usum habere . . praesumat. Urkunde Otto II aus dem
Jahre 980 D. no. 721. — In gleicher Weise verlieh Heinrich II dem Abte
Brantho 1012 den Bann in dem königlichen Wildforste Zunderhard (D. no.
730), so dass alle das obere Fuldathal umschliessenden Waldungen in den Besitz des
Klosters kamen. Dass übrigens Heinrich II bei der Beschenkung der Klöster von
rein practischen Gesichtspuncten ausging, beweisst unter anderm auch eine für
Fulda ausgestellte Urkunde, worin es heisst: Oportet, ut in ecclesiis multae sint

Finanzquellen.[221] Auch Zwang und Bann, den der Abt anfangs durch den direct mit dem Blutbanne beliehenen Beamten ausübte, [222] seit dem Ende des XIII Jahrhunderts jedoch selbst dem vom Stifte erwählten Vogt übertrug, waren auf den Abt übergegangen. [223] Der Abt besass gräfliche Macht, wenn er auch den Titel nicht geführt hat, [224] und war durch Schenkungen factisch in den Besitz ganzer Grafschaften gelangt. [225]

Das Friedensgeld und sonstige aus der Gerichtsbarkeit erwachsende Einkünfte bezog die Kirche, und zwar fielen zwei Drittheile an den Abt und ein Drittel an den mit der Gerichtsbarkeit betrauten advocatus. [226] Im Falle ein Kläger von dem Abte nicht Recht finden konnte, hatte er sich direct an den Kaiser zu wenden. [227]

Während so der Abt innerhalb seines Territoriums als Landesherr die weitgehendsten Rechte besass und unumschränkt über Land und Leute gebieten konnte, war jeder Eingriff von irgend welcher Gewalt, die den vollen Genuss der Regalien hätte schmälern können, strengstens untersagt. [228] Auf dem Grund und Boden der

facultates et maximae in Fuldensi; quia cui plus committitur, plus ab eo exigitur; multa enim debet dare servitia et . . . regali curiae propter quod *scriptum* est, reddite quae sunt Caesaris Caesari. D. no. 738.

[221] Das Bergwerksrogal wurde dem Abte Heinrich VI im Jahre 1323 verliehen; adiicimus gratiam, ut mineras, quascumque in districtibus eius reperiet, easdem pro protectibus et utilitatibus ecclesiae suae vindicare possit. D. no. 865.

[222] Otto rex donavit et concessit inhibendo districte, ut nullus iudex publicus, dux, marchio . . . ministeriales, vasallos aut alios ipsius monasterii homines tam ingenuos quam et servos ad aliqua omnino trahat iudicia sed coram abbate, qui tunc fuerit, causas suas agant. D. no. 843.

[223] Vergl. Waitz, Verfassungsgeschichte VII, 208.

[224] Ne liceat alicui comiti vel advocato sibi iudicium usurpare de his, quae in immunitatibus fiunt ecclesiarum, nisi tantum ecclesiastico iudici ad hoc de voluntate episcopi constituto. LL. II, 305.

[225] D. no. 738 u. 739. Es handelt sich hier um die Comitate Stoddenstat in pago Moyngowe und Nederne in pago Renicgouue.

[226] Et quidquid ius fisci exigere poterat, idem imperator pro aeterna remuneratione saepedicto monasterio tradidit et concessit. D. no. 843. — Quilibet saecularem officiatum in suis civitatibus oppidis et villis habere tenetur, ut iudicet loco sui, et duas partes compositionis et satisfactionis spectantes ad episcopum loco ipsius pro parte sua recipiat, et tertiam habeat advocatus. LL. II, 305. Dass dieses für bischöfl. Kirchen geltende Gesetz auch für die Reichsabteien galt, unterliegt keinem Zweifel.

[227] Quod si abbas tepidus, remissus aut iniuriosus quaerulantibus existeret, coram rege vel imperatore causas suas prosequantur. D. no. 843.

[228] Karl IV verlieh dem Abte Heinrich VII (1353—73) das Privileg auch

Kirche durfte niemand Städte, Burgen oder Befestigungen irgend
welcher Art errichten, Zölle oder Mauthgefälle erheben, Münzstätten
anlegen oder den Wildbann ausüben, und haben die Könige das
Kloster gegen die vielfältige Missachtung dieses Verbotes immer
in Schutz genommen.[229] Gegen Ende des XIII und zu Anfang des
XIV Jahrhunderts kamen zu den umfangreichen Befugnissen der
Stiftsvorsteher noch weitere Rechte, welche die Ausbildung der
fürstlichen Landeshoheit vollendeten.

Die unmittelbaren Vorgänger des Abtes Heinrich V hatten,
durch die traurigen Verhältnisse in den Stiftlanden verhindert, an
eine Erweiterung ihrer landesherrlichen Befugnisse nicht denken
können und an der Reichsgeschichte keinen Antheil mehr genommen.
Der Stern, welcher der Abtei in den Zeiten der Ottonen und Salier
geleuchtet, war erblichen, und die Perle der Reichsabteien schien
im Staube verkümmern zu sollen. Heinrich V staatsmännischer Blick
mag wohl durchschaut haben, dass das Stift aus seinem Schlafe
erwachen und als Glied des Reiches am Leben desselben wieder
regeren Antheil nehmen müsse, wenn es nicht dem schmählichen
Verhängniss entgegen gehen wolle, wie es andere einst hochberühmte
Stifter bereits ereilt hatte. Seine vom Glücke meist begünstigten
Bestrebungen, seine rastlose Thätigkeit gepaart mit einem lobens-
werthen Ehrgeiz sollten das erwünschte Ziel auch erreichen. Seiner
Thatkraft gelang es, der Abtei wiederum eine Achtung und Furcht
erweckende Stellung zu erkämpfen und das schwergeschädigte An-
sehen der Reichskirche auf eine nie geahnte Höhe zu erheben.
Seiner Rührigkeit und Sparsamkeit, die er mit einem glanzvollen
Auftreten als gewandter Finanzier wohl vereinigen konnte, ist es zu
verdanken, dass die vielfach vom Hochstifte durch Verpfändungen
getrennten Burgen und Lande wiedergewonnen wurden. — Vom
Landgrafen von Thüringen erwarb er das Geleitsrecht (ius con-

in Privatfehden unter dem Reichsbanner ins Feld ziehen zu
dürfen. So gunnen und erlauben wir dir, das du unser und des Reiches Banyr
uffwerfen und darunter ziehen mugest, so du Reuber und andere schedliche
Leute . . ., deiner und ouch ander Lande und Leute suchen und schedigen meynest
S. H. II, no. 178. Böhmer, Regesten 3245.

[229] Praeterea Otto rex . . . districte inhibendo statuit, ut nullus principum,
ducum, marchionum, comitum . . . in terminis seu fundis, quos sub Romano imperio saepedictum possidet monasterium, oppida, castra, castella vel omnino ali-
quas muniones aedificet vel instauret, et ne in iisdem terminis seu possessionibus
thelonea, veotigalia, pedagia, monetos et wiltbannos aliquis . . recipere vel habere
praesumat. D. no. 843.

ductus) zwischen Eisenach, Hersfeld und Vacha [230] und machte von
der ihm als Landesherrn zustehenden Befugniss Bündnisse zu
schliesen den ausgiebigsten Gebrauch. [231] Seine Verdienste um
Kaiser und Reich fanden volle Anerkennung. Nur wenige Aebte
haben sich der Huld des Reichsoberhauptes in so hohem Grade er-
freut als Heinrich V. Die Hauptstadt seines Territoriums unterstand seiner Iurisdiction. Für fast alle
Municipien des Hochstifts erwarb er Stadtrecht und
die sich daran schliessenden Regalien. [232] Mit der
Verleihung des Iudenschutzes kam eine höchst einträgliche Finanzquelle zuerst pfandweise in den Besitz des Abtes, um nach wenigen Jahren als volles
Eigenthum an das Stift überzugehen. [233] Der Abt ver-
stand es, sein Interesse mit dem des Reiches immer
so zu verflechten, dass seine Lande daraus den nach-
haltigsten Nutzen zogen.

Die vom Reiche stammenden Regalien erhielt der Abt durch
Belehnung mit den Scepter aus der Hand des Königs. Nach einer
Copialurkunde aus dem XII Jahrhundert [234] hätte der Abt bereits
unter Heinrich II, also 100 Jahre vor dem Calixtinum, das Privilegium gehabt, nicht mit Ring und Stab, sondern mit dem Scepter
belehnt zu werden. Diese Bestimmung ist zwar auch in die Bestätigungsurkunden Rudolf I und der folgenden Könige aufgenom-
men worden; doch erscheint dieses Privilegium für den Anfang des
XI Jahrhunderts höchst bedenkenerregend, zumal in derselben Urkunde auch bereits gegen die Ausübung des Spolienrechtes geeifert

[230] S. H. II, no. 115. Urk. 1306 Mai 16.

[231] Bündniss mit dem Erzbischofe Gerhard von Mainz am 12 Nov. 1290.
Würdtwein, diplom. Mogunt. I, no. 6. — Bündniss mit den Herzögen Rudolf und
Ludwig von Baiern im Jahre 1308 Juli 11. Quellen zur bairischen Geschichte
VI, no. 230. — Bündniss mit der Stadt Erfurt im Jahre 1312 Febr. 19. OU.
in M. — Bündniss mit Friedrich dem Freidigen im Jahre 1311 April 28. S. H.
II, no. 122, etc. etc.

[232] Stolzenthal bekommt am 6 Juli 1296 Frankfurter Stadtrecht. D. no.
846. — Hammelburg am 1 Aug. 1303 Gelnhäuser Stadtrecht. S. T. p. 425. —
An demselben Tage bekommt Hünfeld Gelnhäuser Stadtrecht. D. no. 850. —
Zellingen bekommt am 12 März 1312 Schweinfurter Stadtrecht. D. no. 859. —
Vergleiche auch die Verordnung König Heinrich VII im Betreff der Pfahlbürger.
D. no. 861.

[233] D. no. 850. u. 855.

[234] D. no. 729 aus dem Jahre 1012.

wird. Der Satz „investituraque per sceptrum regium fieri debet",
dürfte wohl von dem Copisten eingeschoben worden sein. Von den
für die Belehnung des Neuerwählten an die königlichen Hofbeamten
zu entrichtenden Abgaben war der Abt entbunden. [235]

[235] No pro investitura, quae per sceptrum regium fieri debet, (die so vor-
genommene Belehnung war einem Fahnlehen gleichwerthig) ab abbate de novo
creato per aliquos regalis curiae ministros expetebatur. D. no. 843.

IX.

Durch die Belehnung, um welche innerhalb Jahr und Tag nachgesucht und die bei Thronfall erneuert werden musste, wurde der
Abt Fürst des Reiches im vollsten Sinne des Wortes. Er übernahm
mit der Würde zugleich aber auch die Pflichten eines Reichsfürsten.
Die Aebte von Fulda sind von jeher eine feste Stütze des Reiches
gewesen und haben nach Kräften zur Unterstützung der Kaiser und
Könige beigetragen; und wenn sie unter den Aebten des Reiches
an Würde und Ansehen die erste Stelle einnahmen, so haben sie
sich durch ihre Treue und Anhänglichkeit gegen die Krone vor allen
hervorgethan. Niemals während ihres elfhundertjährigen Bestandes
haben sich die Vorsteher der Abtei gegen das Reich aufgelehnt oder
an Verschwörungen und Kriegen gegen den Kaiser irgendwie theil-
genommen. [236]
    Ihr Banner folgte den Königen auf ihren Heereszügen in alle
Gauen Deutschlands. In Böhmen [237] und Sachsen, [238] in Fries-

[236] Abt Marquard I verzichtete indess lieber auf seine Würde, als dass er
den von Friedrich I 1165 aufgestellten schismatischen Papst Paschal III anerkannt hätte; ein Beweis, dass man in kirchlichen Angelegenheiten nicht minder
gewissenhaft war.

[237] Henricus rex in Boëmiam duxit exercitum, ibique Werinherus comes et Re-
ginhart signifer Fuldensis cum multis aliis occisi sunt. Ad annum 1040.
Lambert v. Hersfeld, SS. V, 152. — Reinhardus comes, maior domus ecclesiae Fuldensis cum electissimis ex familia s. Bonifatii cruenta caede procu-
buerunt. Annal. Saxo, SS. VI, 646.

[238] Abt Widerad musste, obschon altersschwach, lahm und gichtkrank
1075 den Feldzug Heinrich IV gegen die Sachsen mitmachen. Er starb in Folge
der Anstrengungen. Lambert SS. V, 225. — Selbst der hochbetagte Abt Stur-
mius musste unter Karl dem Grossen 779 mit gegen die Sachsen ziehen, und wurde
ihm die Eresburg zur Vertheidigung anvertraut Karolus venerandum Sturmen
infirmum iam senectute fessum in Heresburg ad tuendam urbem cum sociis suis
sedere iussit. Vita Sturmi SS. II. 377.

land[239] und Burgund,[240] in Franken[241] und im Slaven-
lande[242] haben die Leute[243] des Stifts vom signifer der Abtei oft
auch vom Abte selbst geführt,[244] ihr Blut für die Ehre des Reiches
vergossen. Auch über die Alpen haben die Mannen des Hochstifts
ihre ruhmreichen Waffen getragen[245] und die Kaiser auf ihren
Römerzügen regelmässig begleitet. Im fernen Calabrien erhielt Abt Werner, als er den Kaiser Otto im Kampfe gegen die
Sarazenen unterstützte, 982 die Todeswunde.[246]

Nicht unansehnlich war die Streitmacht, die das Hochstift dem
Reiche zur Verfügung stellte. Unter Otto II zog der Abt von Fulda
mit 60 wohlbewehrten Kriegern nach Italien,[247] wetteiferte durch
die Grösse seines Contingents mit den Bischöfen von Lüttich, Verden
und Würzburg und übertraf sogar noch 9 andere Bischöfe. Von
den Reichsabteien hat damals nur Reichenau ebenfalls 60 Gepanzerte

[239] Hi vero, qui Carlomanno missi sunt in auxilium, id est Arn episcopus
et Sigehardus abbas Fuldensis monasterii, quamvis fortiter hostes
premendo pugnassent, plurimis tamen eorum amissis, cum magna difficultate re-
gressi sunt. Annal. Fuld. SS. I, 385. Ad annum 872.

[240] B. 917.

[241] Rex misit Erkanbaldum Fuldensis coenobii abbatem, ut Suinfordi castellum incenderet atque dirueret. Ad annum 1003. Thietmar SS. III, 801.

[242] SS. XXI, 139 ad annum 1181. Arnold. chron. Slav.

[243] Sie hatten die Verpflichtung, ihren Herrn rückhaltlos auf allen Zügen zu
begleiten. Das uns bei S. T. p. 390 erhaltene Bruchstück des Fuldaischen Lehn-
rechtes lautet: „Das ein Frey Fuldisch man eynem Herren von Fuld Folgen
soll vber Lant als ferre im Got Craft vnd macht gibt." Dies war die Regel. Ein
Fall, wo der Abt bloss innerhalb eines bestimmten Bezirkes Kriegs-
dienste verlangte, ist bekannt. D. no. 761: Predictus vir una cum coniuge sua
. . . praedium, quod suum erat, a nobis (abbate Widerado) in beneficium suscepit,
adiecta servitutis condicione, ut pro eo nobis nostrisque successoribus infra
provinciam, prout imperatum fuerit, serviat Vergl. hierzu auch Waitz V. G.
VIII, 153.

[244] Der Heerbann des Stiftes durfte von den königlichen Grafen weder
aufgeboten noch angeführt werden. Diese Rechte waren durch ein Privileg
Heinrich III (D. no. 753) vollständig auf den Abt übergegangen. Vergl. auch
Waitz V. G. VIII, 149.

[245] Dass man sich von der Verpflichtung mit nach Italien zu ziehen, loskaufen
konnte, zeigt D. no. 749, wo der Abt einem vir nobilis „pecuniam quam pro Italia expeditione debuit," erliess. Vergl. Waitz V. G. VIII, 161.

[246] In proelio cum Saracenis in Calabrio occisus est Wernher abbas Fuldensis SS. III, 65. Annal Hild. Nach der vita Oudalrici SS. IV, 419 wurde er
dort nur verwundet, starb aber bald darauf in Lucca, wie der Autor von den
den Begleitern des Abtes erfahren hat. Auch Abt Kuno starb auf einem Römerzug
1222. Brower 302.

[247] Jaffé (Monumenta Bambergensia) V, 471.

zur Verfügung gestellt. [248] Dass dies indess nicht die gesammte Streitmacht der Abtei war, braucht wohl kaum hervorgehoben zu werden. Der Reichskriegsdienst ruhte bereits damals nicht mehr auf den Klöstern als solchen, sondern lediglich auf dem überschüssigen Grundeigenthum der Kirche, auf den Besitzungen des Abtes, der als Reichsfürst den Reichsdienst auch aus seinen Mitteln zu bestreiten hatte. [249] Wo der Abt zugleich als Landesherr auftritt, und es gilt sein eigenes Gebiet zu schirmen, können alle Mannen des Klosters aufgeboten werden. [250] Auf dem Reichstage zu Mainz 1184[251] erschien Abt Conrad II als nominatus princeps mit 500 Rittern. Die Fehden mit dem Würzburger und Mainzer zeigten die militärische Ueberlegenheit der Abtei gegenüber ihren bischöflichen Nachbarn. [252] Auch scheint das Contingent, welches der Abt für die Reichskriege diesseits der Alpen zu stellen hatte, weil mit geringeren Kosten verbunden, weit beträchtlicher gewesen zu sein. [253]

Das Heerwesen des Stiftes hatte zwar unter den endlosen Fehden des Interregnums und der darauf folgenden Epoche einen bedeutenden Aufschwung genommen. Doch war die Abtei so verschuldet, dass Heinrich V zum Reichskriege gegen Burgund aufgeboten nur 40 Streitrosse stellen konnte. [254] Wenngleich er durch die Grösse seines Contingents mit der freien Reichsstadt Strassburg wetteiferte, [255]

[248] Matthäi, l. c. S. 72.

[249] Matthäi, l. c. S. 61.

[250] Der Kriegsdienst wurde bereits im X Jahrhundert ganz von den meist berittenen Ministerialen und Vasallen des Stifts geleistet, und das Landvolk nur im Falle äusserster Noth aufgeboten. Siehe Chronicon Sampet. p. 140 zum Jahre 1304.

[251] Gisleberti Chronicon Hanon. SS. XXI, 539. Der Herzog von Oesterreich hatte damals kein grösseres Gefolge.

[252] Conradus III abbas ingenti coactu equitum peditumque manu, praesuli (Hermann v. Würzburg) it obviam. Aderant abbati nongenti equi phalerati, quos dextrarios seu militares appellabant. Episcopus copiis longe inferior sibi fuga consulit. B. 305. Ad annum 1242. Vergl. auch B. 327. u. S. H. II, no. 207.

[253] Indess fehlen hierüber für das frühere und spätere Mittelalter alle bestimmten Angaben. Im Jahre 1521 betrug der Matricularbeitrag Fuldas zum Reichsheere 852 Gulden, oder 14 Mann zu Pferd und 46 zu Fuss. 1551 wurde das Contingent auf 17 zu Pferd und 50 zu Fuss, oder 404 Gulden erhöht. Sartori II, 1. 757. — Die Gesta abbat. Trud. Contin. tertia schätzt das Contingent in den besten Zeiten des Klosters auf 1000 Mann, was wohl übertrieben ist. SS. X, 371. — Vergleiche auch die abenteuerliche Nachricht der Gesta regum Angl., wonach das Kloster 60,000 Streiter dem Kaiser habe zur Verfügung stellen können. SS. X, 467.

[254] B. 317.

[255] Ellenhardi Chronicon SS. XVII, 131.

so war doch die Leistungsfähigkeit der Abtei gegen früher
bedeutend gesunken. Fünfundzwanzig Jahre später war Eberhard,
der Nachfolger unseres Abtes, ohne sein Land zu entblössen, und
obschon noch im Kampfe mit Friedrich dem Freidigen begriffen, im
Stande, dem damaligen Throncandidaten Ludwig, Herzog von
Baiern, 100 Helme zur Verfügung zu stellen.[256]

[256] Ludovicus comes palatinus, dux Bavariae, cum venerabili Eberhardo abbate transacturus in hunc modum, quod ipse nobis super adipiscendo regno Romanorum in Frankenford sub expensis nostris assistet fideliter cum centum
galeis et in antea ad unum annum noster erit cooperator consiliis et auxiliis et
adiutor. S. II, II, no. 130. Wittelsbachische Regesten p. 74.

X.

Wenn sich auch die Aebte durch den Reichskriegsdienst, manch' unverwelklichen Lorbeer erwarben, so war doch die Ehre der Fuldaischen Waffen gar oft mit Gut und Blut theuer genug erkauft worden. Weniger kostspielig, aber immerhin mit grossen Opfern verbunden waren die von den Fuldaer Aebten immer in hervorragender Weise geleisteten Hofdienste. Nicht nur mit dem Schwerte, auch durch ihren bewährten Rath haben die Fuldaer Kirchenfürsten sich von jeher um das Wohl des Reiches verdient gemacht. Als dem höchsten Fürstenstande angehörig, hatten die Aebte nicht nur das Recht, sondern auch die Pflicht auf den Hof- und Reichstagen zu erscheinen. Von einer stattlichen Schaar von Vasallen und Ministerialen umgeben, begleiteten die Aebte das Reichsoberhaupt auf seinen Hoffahrten im Lande, und sind, was glanzvolles Auftreten ihres Gefolges und fürstlichen Aufwand anlangt, hinter Bischöfen nicht zurückgeblieben. Die wichtigsten Reichsgesetze und Staatsverträge sind von ihnen unterzeichnet worden.[257] In den Zeugenreihen der Königsurkunden und in chronicalischen Aufzeichnungen werden sie an erster Stelle nach den Bischöfen aufgeführt, und ist ihr Votum bei den Wahlen der Könige vollwichtig in die Waagschale gefallen. Mit Sitz und Stimme auf der geistlichen Fürstenbank ausgerüstet haben sie im königlichen Hofgericht immer eine hochangesehene Stellung eingenommen. Als königliche und kaiserliche Gesandte wurden sie mit hohen kirchlichen Missionen betraut[258] und haben nicht selten Proben ihrer

---

[257] So unter andern das Calixtinum in seiner kaiserlichen Ausfertigung und der Uebergang der Herzogthümer Westfalen und Angrien an Köln. S. H. I, 183.

[258] Rex Thiotonem Fuld. coenobii abbatem ad Hludovicum regem Italiae . . et ad Nicolaum apostolicum Romani misit, ... apostolica fultus epistola rediens, cum de legatione sua omnia satis fecisset, accepta licentia, ad proprium redit monasterium. Annal. Fuld. Ad annum 859. SS. I, 373. — Der Abt von

staatsmännischen Befähigung abgelegt.[259] Oft wurde den Aebten auch die Ueberwachung aufständischer Grossen und ausgesprochener Ketzer anvertraut; und hat das Kloster Fulda in der Karolinger- und Ottonenzeit gewissermassen auch den Dienst des Staatsgefängnisses leisten müssen.[260] Waren auch die Grundholden des Klosters durch Privilegium gegen alle directen Forderungen des königlichen Fiscus geschützt, so hatte doch der Abt die Pflicht, den König, wenn er durch Fuldaisches Gebiet zog, oder daselbst sein Hoflager aufgeschlagen hatte, durch Naturalleistungen zu unterstützen.[261] Wenn indess Heinrich II von „multa servitia" spricht,

[259] Hersfeld wird vom Fuldaer auf Befehl des Königs in seine Abtei eingeführt: regis imperio per Vuldensem introducitur. Chron. Gozecense. SS. X, 149. — Als Gesandter des Erzbischofs Bruno von Cöln holte der Abt Hadamar beim Papste Agapet II für ersteren das Pallium: legatus Roma rediens portans secum habitum ab universali episcopo missum. Ruotger, vita Brunon. SS. IV, 264—265. — Die einflussreiche Stellung Hadamars am Hofe Otto I ist neuerdings eingehend gewürdigt worden in den Jahrbüchern der deutschen Geschichte, Kaiser Otto der Grosse. Vergl. insbesondere l. c. 270—72. Im Bezug auf die angezogene Stelle aus Ruotger heisst es dort sehr treffend: „Der Auftrag das Pallium zu holen verbarg wichtigere und mehr im Geheimen zu führende Unterhandlungen mit dem Papste". — Rex Hattonem Fuldensem abbatem ad construenda sibi habitacula Romam praemisit. Cont. Regin. Ad annum 961. SS. I, 624. Vergleiche Jahrbücher der deutschen Geschichte S. 327. Anmerk. 3. — In einer Urkunde Wilhelms vom Holland (1251 Jan. 1.) figurirt unter den Zeugen an zweiter Stelle Eberhardus, praepositus Fuldensis, notarius noster. O. Posse, Analecta Vaticana, Oenoponti 1878. p. 135.

[259] Ut inter ipsum Henricum V et apostolicum controversia de investituris ecclesiarum tandem finiretur, leguntur inde Romam ex parte imperatoris . . . Arnulfus abbas Fuldensis. Anselmi Gemblac. contin. SS. VI, 378. Die betreffende Stelle aus Ekkehards Chronik. SS. VI, 259 habe ich bereits angeführt.

[260] Hic (Hadamarus abbas) pontificem Fritbericum sub custodia tenuit, secunda coniuratione culpabilem; primum honorifice, sed . . . später satis severe. Widukind, SS. III, 448. Will XIII. 9. — Gerberti acta concil. Rem. berichten: Ebonem quoque archiepiscopum idem molientem . . in Fuldensi monasterio pro similibus similia sustinuisse SS. III, 670. — Thietmari Chron. SS. III, 836 berichtet zum Jahre 1014, als Heinrich II sich auf dem Römerzuge befand: Hugo Hecilo ac Ecilin capti et in custodia detenti . . . secundus ad Fuldam deductus est. — Hugo Hlutharii regis filius in monasterium s. Bonifatii apud Fuldam retrusus finem habuit suae tyrannidis. Annal. Fuld. Ad annum 885. SS. I, 402. — Der Häretiker Adelbert Fuldensi monasterio translatus carceris obscuritate detrusus, diu longeque vexatus est. Jaffé III, 474.

[261] De Borsaha (Borsch) LXXVI modii dantur ad kunigesphuter, de selgelente XX. Dronke, Trad. et antiquit. Fuld. p. 131, no. 25. Auffallend ist es allerdings, dass derartige Abgaben an den König sonst nirgends erwähnt werden. Wahrscheinlich fallen auch die anderen l. c. sub no. 25 aufgeführten Leistungen in die gleiche Categorie. Die betreffenden zu Lieferungen verpflichteten

zu denen das Stift verpflichtet sei,[262] so sind hierunter wohl kaum in erster Linie diese Lieferungen an den König und sein Heer, wenn er vorüberzog (servitia in transitu regis), oder sich im Lande aufhielt, bz. deren Ablieferung an die königlichen Pfalzen zu verstehen, sondern vor allem die bereits besprochenen Kriegs- und Hofdienste. Von den sonst in den Reichsklöstern üblichen Ehrengeschenken an den König scheint Fulda entbunden gewesen zu sein. Wir haben wenigstens keine Andeutung, dass die Abtei in dieser Beziehung dem Könige zu irgend welchem Dienste verpflichtet war, wie der Kaiser auch das Recht des Einlagers in dem Kloster nicht beanspruchen konnte.[263] Man hat es gewiss immer für eine Ehrenpflicht betrachtet, die öfters in Fulda weilenden Könige und Kaiser gastlich aufzunehmen und zu bewirthen. Doch war das Kloster in seinem ganzen Umkreis, der wohl ein gutes Drittheil der daneben liegenden Stadt ausmachte durch ein päpstliches Privilegium vor der Abhaltung des placitum's innerhalb seines Rayons geschützt,[264] und sind deshalb auch manche Königsurkunden sehr bezeichnend ad monasterium Fuldense, ad locum Fuldensem, apud Fuldam ausgestellt.[265] Die weiten Räume des Klosters hätten den König und die ihn begleitenden Grossen immerhin bequem auf-

Orte liegen an bz. ganz in der Nähe der grossen Heerstrasse von Franken nach Hessen und Thüringen.

[262] D. no. 738.

[263] Vergl. Matthaei l. c. S. 39.

[264] Nemo in eodem monasterio vel in ceteris suis locis placitum habeat. D. no. 640. Durch dieselbe Bulle wurde den Frauen der Besuch des Klosters und der Klosterkirche verboten. Et autoritate nostra interdicimus, ut nulla femina inibi ingredi unquam praesumat. Selbst auf Königinnen bezog sich dieses Verbot. In antiquis abbatum actis legimus anno . . . 1132, cum Lotharius rex sollemnem Pentecostem Fuldae, una cum regina coniuge exigeret, rem divinam non in primario, sed in novi montis vicino monasterio procurasse, eo quod reginae in istud aditus esset interclusus. B. 31 „ex manuscriptis gestis abbatum." — Atque huius generis etiam id monitum est, quod chronico veteri adspersum eruimus: Anno 1157 Fridericus imperator de Saxonia, in qua ieiunaverat, in vigilia Palmarum Fuldam pervenit, et quia regina in comitatu eius erat, urbem (gemeint ist das Klosterrayon) ei intrare non licuit. Montem igitur episcopi adiens ibi sequentem diem Palmarum honorifice celebravit. B. 31. Vergl. dort auch das über die Gräfin Alberat gesagte. Das Verbot, auf welches auch Rabanus strenge gehalten hatte, wurde erst unter dem Abte Johann I von Merlau (1395—1440) mit päpstlicher Genehmigung (S. H. II, no. 191) aufgehoben, und dem weiblichen Geschlechte am 5 Juni 1397 zum erstenmale der Eintritt in die Klosterkirche gestattet.

[265] D. no. no. 656. 657. LL. II, 472.

nehmen können; indess würde die Abtei bei all' ihrem Reichthume die Lasten und Kosten des königlichen Hoflagers, zumal da die Kaiser oft ihren Aufenthalt in Fulda nahmen, nicht haben erschwingen können. Der König weilte weit häufiger in Fulda als man es nach den vorliegenden Regestenwerken erwarten könnte. Wenn wir uns bloss auf Urkunden beschränken, so wären nach Matthaei die deutschen Könige von Heinrich I bis Heinrich VI, also in einem Zeitraum von fast 300 Jahren, nur fünfmal in Fulda gewesen.[266] Doch abgesehen davon, dass in dieser Periode schon das Itinerar des Königs nothwendig viel öfter nach Fulda führt, lässt sich die Anwesenheit des königlichen Hofes aus gleichzeitigen annalistischen und chronicalischen Quellen bis zum Ende des zwölften Jahrhunderts, soweit ich es verfolgt habe, wohl fünfzigmal direct belegen.[267]

In einer bei Brower erwähnten[268] Urkunde König Conrad I heisst es in der Datirungszeile: actum Fuldae, curia regia. Diese von dem Copisten Eberhard herrührende Aenderung bz. Erweiterung der originalen Datirung: actum ad monasterium Fuldense würde an sich keinen Werth haben, gewinnt aber im Hinblick auf die öftere Anwesenheit der Könige in Fulda und den geänderten Text der Originalurkunde besonderes Interesse. — Sollte etwa zur Zeit Eberhards eine königliche Pfalz in Fulda gewesen sein, und der Copist deshalb für den Wortlaut des Originals die erwähnte Aenderung bz. Ergänzung vorgenommen haben? Bei der Bedeutung, welche das Stift allzeit in der Reichsgeschichte eingenommen hat, wäre die Existenz einer königlichen Pfalz in der Nähe des Klosters bz. in der Stadt Fulda immerhin denkbar, wenn auch ein directer Beweis für diese Annahme nicht erbracht werden kann. Dass bei den in Fulda ausgestellten Königsurkunden in der Datirungszeile der Ausdruck datum in palatio nostro bz. regis erweislich niemals vorkommt, ist noch kein Beweis gegen unsere Vermuthung, da die

---

[266] Matthaei l. c. S. 98. Anmerkung 3. Es kommen in Betracht St. no. no. 1, 650. 651. 1747—49. 1876. 3117.

[267] Vergl. z. B. Annal. Colon. Maxim. Ad 1170 Jun. 8. SS. XVII, 783. — Annal. Magd Ad 1132 Mai 29. SS. XVI, 184. Jaffé I, 589 no. 456. Ad 1157 März 24. etc. etc. Zu Heinrich V Zeit war in Fulda zweimal Hoftag, nämlich vom 25 Juli bis 5 August 1299 und im Juli 1306. Chronic. Samp. pp. 140 u. 146. König Rudolf berührte auf seinem Zuge nach Erfurt am 1C—12 Dezember 1289 Fulda. König Adolf war in Fulda am 21 Januar u. am 7 August 1295 u. im Juni 1296. König Albrecht I hielt sich im Juli bz August 1299 und im Juli 1306 längere Zeit in Fulda auf. Belege in den Regesten Heinrich V.

[268] B. 282. Das Original ist bei D. no. 656 abgedruckt.

Diplome der Könige, auch wenn sie an Orten erlassen sind, wo sich notorisch eine Pfalz befand, den Character des Ausstellungsortes als Pfalz öfters gar nicht erwähnen.

Während der heerbannpflichtige Abt mit den Waffen in der Hand das Reich schirmen half, oder im Hoflager des Königs in friedlicher Weise an den Regierungsgeschäften theilnahm, lag es den Conventualen ob, den Segen Gottes für den Kaiser, seine Gemahlin und das gesammte Herrscherhaus und für die Wohlfahrt des Reiches herabzuflehen. [269] Diese Gebetspflicht, welche allen Reichsklöstern oblag, wurde insbesondere auch von Fulda gefordert, und fast in jeder Königsurkunde, vor allem aber bei Schenkungen und Confirmationen, immer wieder von neuem eingeschärft. [270]

[269] Monachi Fuldenses pro rege Francorum, qui in Bulgariam (?) suscepera expeditionem, et patre et exercitu in quadragesima mille missas et totidem psalteria se murmurasse iactitant (in epistola ad eundem). Forschungen V, 375.

[270] Delectet ipsos monachos, qui ibidem Deo famulantur pro nobis, coniuge proleque nostra atque stabilitate totius imperii nostri a Deo nobis concessi eiusque misericordiam per immensum conservandi iugiter dominum exorare. D. no. 322. In einem Schreiben an Kaiser Heinrich V sagen die Mönche von Fulda: Testis est, cui omne cor patet, dominus, quia sine intermissione tui memoriam facimus nostris in orationibus, obsecrantes, quatenus pius dominus in faciem Christi sui respiciat et auxilium adversus te malignantium ad nihilum redigat. Forschungen V, 375. Ueber diese Pflicht der Reichsgebete, die bei manchem Kloster die einzige Leistung war, die man von Reichswegen fordern konnte, und die demgemäss auch als Eintheilungsgrund der königlichen Abteien auf dem Reichstage zu Aachen anerkannt wurde, vergl. Matthäi 8. 31.

XI.

Das hohe Ansehen der Fuldaischen Aebte[271] als Fürsten des Reiches wurde noch erhöht durch ihre Beziehungen zu der Gemahlin des jeweiligen Reichsoberhauptes. Im Jahre 975 wird zum ersten Male die Kaiserin in einer für Fulda ausgestellten Königsurkunde namentlich erwähnt,[272] und es ist dies innerhalb der nächsten 160 Jahre (975—1133), soweit die betreffenden Urkunden im Drucke vorliegen, noch 14 Mal nachweisbar. So verleiht Kaiser Heinrich II per interventum dilectae coniugis nostrae Chunigundae imperatricis augustae dem Abte Markt- und Zollrecht.[273] Auf Verwenden der Kaiserin Cunigunde bz. der Königin Giesela kommt das Stift in den Besitz zweier Grafschaften.[274] Andere bedeutende Schenkungen werden auf Wunsch der Kaiserinnen vollzogen.[275] Königliche Forsten mit dem Regal des Wildbannes werden dem Abte interventione ac petitione Chunigundae imperatricis von Heinrich II[276] und ob interventum ac petitionem dilectissimae genitricis nostrae Agnetis imperatricis vom Kaiser Heinrich IV[277] geschenkt. Selbst auf die Wahl hat die Kaiserin Einfluss geübt.[278]

Dass diese regen Beziehungen der Kaiserinnen zur Abtei, deren selbst in staatlichen Actenstücken Erwähnung geschieht, sich nicht aus frommen Anwandelungen dieser hohen Frauen, oder einer gewissen Galanterie des kaiserlichen Gemahls erklären lassen, bedarf

[271] Welch' überschwänglichen Ruhmes Fulda sich in England erfreute, dürfte aus dem ungeheuerlichen Berichte der Gesta Reg. Angl. 88. X, 467 klar werden. Fuldensis coenobii abbas sexaginta milia bellatorum imperatori praebet in hostem habetque ex antiquo privilegium, ut in praecellentibus festivitatibus ad dexteram eius consideat.
[272] D. no. 718. — [273] D. no. 734. — [274] D. no. 738. 739. Anm. 225.
[275] D. no. no. 716. 718. 743. — [276] D. no. 731. — [277] D. no. 760.
[278] Siehe Seite 11. Anmerk. 32. Vergl. auch Anmerk. 294.

wohl keines Beweises, zumal ähnliche Verhältnisse andern Reichsabteien gegenüber unerhört sind. Selbst beim Papste verwandte
sich die hochbetagte Kaiserin Adelheid, die damals für ihren Enkel
die Regierung in Italien führte, zu Gunsten des Abtes Hatto.[279]
Wenige Jahre vorher war Abt Werner von Fulda auf ganz beson-
dern Wunsch Kaiser Otto II[280] vom Papste Johann XIII durch
Verleihung des Primats vor allen Aebten Germaniens
und Galliens ausgezeichnet worden.[281] Diese auf Betrieb
des Kaisers geschehene Erhöhung der kirchlichen Würde des Abtes[282]
erfolgte meines Erachtens zu dem Zwecke, weil der Kaiser den zum
höchsten Beamten der Kaiserin[283] ausersehenen Reichsabt auch kirchlich
vor allen Aebten ausgezeichnet wissen wollte. Wenigstens bleiben die
sich höchst auffällig häufenden ganz ausserordentlichen
Gunstbezeugungen der Kaiserinnen Adelheid, Theophano und Ku-
nigunde[284], sowie der Einfluss Richinza's auf die Wahl

[279] Per interventum domni Ottonis III . . votumque piissimae aviae suae
Adelheidae imperatricis augustae . . Hatto abbas . . a nobis (Iohanne papa) postulavit. D. no. 725.

[280] Pro magno amore praefati piissimi . . Ottonis imperatoris augusti specialiter constituimus, ut idem abbas D. no. 713. Ad annum 969.

[281] Vergl. SS. 42 ff.

[282] Die Wahl Werners war vom Kaiser geboten worden; sein Vorgänger
Hatto wurde auf seinen Befehl zum Erzbischofe von Mainz erhoben. Annal.
Hildesh. SS. III, 62,

[283] „Die Königin hatte für die ihr nöthigen Dienstleistungen zum Theil dieselben Diener (als der König). Waitz II², 428. So berichtet Gregor von Tours
(Bouquet II, 257) von einem referendarius (Canzler) der Königin Ultrogottha
und l. c. p. 328 von einem Canzler der Fredegundis. Auch domestici, maiores
domus, Marschälle, camerarii kamen vor. Belegstellen bei Waitz II², 428. Anm.
2. „Die Königin hat wie in früherer Zeit (der Merowinger und Karolinger) ihre
besonderen Hofdiener gehabt." Thietmar von Merseburg berichtet von einem
pincerna der Königin. Der Abt von S. Maximin sollte . . . . . allzeit als Caplan
der Kaiserin dienen. Belegstellen bei Waitz VI, 261 u. 275. Ficker (die Reichs-
hofsbeamten der Staufischen Periode) kommt auf die Hofämter der Kaiserin nicht
zu sprechen. Nach Olenschlager (Neue Erläuterung der guldenen Bulle) p. 371
war der Abt von Kempten Erzmarschall der Kaiserin. Die hier citirte Abhandlung Ulrich, de archioancellariatu . . . principis abbatis, war mir nicht zugänglich.

[284] Ganz vereinzelte Interventionen der Kaiserinnen bz. Königinnen
lassen sich allerdings auch für andere Klöster nachweisen. Wenn es sich auch
bei diesen sehr seltenen Interventionen für andere Klöster bloss um eine sachlich
ganz bedeutungslose Füllung der hergebrachten Formel handelte, so ist doch das,
was Ficker (Beiträge zur Urkundenlehre I. § 133) und Waitz (V. G. VI, 203,
Anmerk. 2 u. 311) für solche Interventionen als Regel annehmen, auf unsere
Fälle schwerlich anwendbar.

des Abtes Berthous ein unlösliches Räthsel, wenn wir sie nicht
mit der Würde des Erzcanzlerthums, welche der Abt bei
der Kaiserin nach Verleihung des Primates bekleidete, in Verbindung
bringen.

Nach Schannat, [285] dem Sartori [286] gefolgt ist, hätten die Aebte
bereits damals das Erzcanzleramt bei der Kaiserin als herge-
brachtes Recht besessen, während Brower [287] annimmt, dass dieses
Privilegium erst zwei Jahrhunderte später unter Kaiser Lothar er-
worben worden sei. Ich möchte mich indess den Ausführungen
v. Schildeck's anschliessen, welcher den Ursprung dieser Würde der
Fuldaer Aebte auf Kaiser Otto zurückführt. [288] Alle Schwierigkeiten,
die sich etwa gegen diese Aufstellung erheben könnten, sind bei
v. Schildeck [289] eingehend gewürdigt, insbesondere auch der Umstand,
dass keine Urkunde zum Beweise vorgelegt werden könne. Der
Titel archicancellarius imperatricis für den Abt kann
allerdings vor 1356 nicht belegt werden. [290] v. Schildeck bespricht
auch ausführlich die Goslarer Affaire, [291] wo der Abt dem
Bischofe von Hildesheim gegenüber den Vorsitz behauptete, und
knüpft daran treffend die Bemerkung, dass sich der Anspruch des
Abtes aus dem Primate allein nicht erklären lasse, weil dieser
nur Aebten, nicht aber Bischöfen gegenüber zum Ausdruck gelange.

Ich füge hinzu, dass im ganzen Reiche das Recht des
Abtes von Fulda anerkannt war, zur Rechten des Erzbischofs von Mainz zu sitzen, [292] und dass dem Abte bei
allen in Mainz gehaltenen Hoftagen sogar der Ehren-

---

[285] S. II. I, 128. — [286] Sartori I, 1, 301. — [287] B. 64.

[288] v. Schildeck p. 26. Doch ist es nicht Otto der Grosse, wie Schannat
und v. Schildeck annehmen, sondern sein bereits 967 zum Mitkaiser gekrönter
Sohn Otto II, der die Fuldaische Kirche mit dieser Ehre auszeichnete.

[289] de Schildeck, de archicancellariatu et primatu principis abbatis Fuldensis. Eine Würzburger Dissertation vom Jahre 1724, neue Ausgabe 1733.

[290] Vergleiche unten S. 76. Daraus aber einen Beweis gegen die Existenz der Erzcanzlerwürde in früheren Zeiten führen zu wollen, ist ebenso unstatthaft, als wenn man die Existenz des Primats bestreiten wollte, weil die
Aebte diesen Titel meines Wissens vor dem XVI Jahrhundert niemals geführt haben.

[291] Eingehender Bericht Lambert's v. Hersfeld. SS. V, 163—66. 163 l. c.
sagt Lambert: consuetudo erat in regno per multos retro maiores observata, ut
semper in' conventu episcoporum abbas Fuldensis archiepiscopo Mo-
guntino proximus assideret. Der Herausgeber Lambert's in den M. G.
bringt dieses Privileg ebenfalls mit dem Archicancellariat in Verbindung.

[292] Vergl. vorige Anmerk.

platz direct zur Linken des Kaisers zukam.[293] Dieses
Recht wurde von Kaiser Friedrich I gelegentlich des grossartigen
Hoftages zu Mainz 1184 selbst dem Erzbischof von Cöln gegenüber,
wenn auch nicht mit Erfolg aufrecht erhalten, so doch in aller Form
anerkannt. Nur um den Frieden des Gotteshauses zu wahren, bewog Friedrich, der wohl einen ähnlichen Tumult und Blutvergiessen
wie in Goslar befürchtete, den Abt von seinem Rechte abzustehen,
jedoch erst nachdem vorher der Cölner die Kirche hatte verlassen wollen
und sich auf sein im Dienste des Reiches ergrautes Haupt berufen
hatte. Aus der Schilderung des ganzen Vorganges, wie er sich bei
dem dem Abte keineswegs geneigten Augen- und Ohrenzeugen Arnold findet, ersehen wir, ohne zwischen den Zeilen lesen zu brauchen,
dass nicht nur der Kaiser, sondern auch die Mehrzahl der weltlichen und geistlichen Fürsten den Anspruch des Abtes als berechtigt
anerkannte, und der ehrgeizige Cölner selbst sich mehr auf seine
Waffen als auf sein gutes Recht stützen konnte. Er war, wie Arnold
ausdrücklich berichtet, weil er „arrogantiam" abbatis praesenserat,
mit 4600 Reisigen nach Mainz gezogen.

Abt Berthous I hat bei der Kaiserkrönung Lothars und seiner
Gemahlin Richinza in Rom 1133 vor dem Erzbischofe von Magdeburg
den Vorsitz behauptet. [294]

Ich möchte, da es hier nicht der Ort ist, näher auf diese auch
für die Hofetiquette der damaligen Zeit nicht uninteressanten, nur
durch die Erzcanzlerwürde des Abtes erklärlichen Vorgänge einzu-
zugehen, nur noch darauf hinweisen, dass sich die Verleihung

[293] Arnoldi chronica Slavorum berichten zum Jahre 1184 gelegentlich des
Streites des Abtes mit dem Cölner Erzbischofe: Fuldensis ecclesia hanc habet
praerogativam ab antiquis imperatoribus traditam, ut quotiescunque Moguntiae
generalis curia celebratur, domnus archiepiscopus huius sedis a dextris sit imperatoris, abbas Fuldensis sinistram eius teneat. SS. XXI, 153.
Ich möchte ausdrücklich hervorheben, dass sich auch über die Entstehung dieses
Rechtes eine Urkunde nicht erhalten hat.

[294] Schannat citirt zum Belege ein Bruchstück aus dem vetus scriptor domesticus. Anno 1133 II Non. Junii ipso eodem die consecrationis imperatoris et
imperatricis, domno apostolico et ipsis considentibus, orta est dissensio inter ministeriales ipsius abbatis et archiepiscopi Magdeburgensis de primatu sedendi;
cumque pro hac re vicissim prope ad effusionem sanguinis altercarentur, super-
veniente abbate, et iusta defensione pro huius modi rationem reddente, favente
sibi imperatore, ut ab initiis Fuldensis ecclesiae omnibus antecessoribus suis concessum erat, primatum sedendi invito archiepiscopo, obtinuit. S. H. I, p. 166.
Trotz der allerdings in diesem Berichte enthaltenen Uebertreibung, möchte ich
den Kern derselben entschieden aufrecht erhalten. Auch Du Cange (Glossarium

dieses anscheinend ganz exorbitanten Privilegiums gerade zur Zeit
Otto II sehr einfach erklärt, wenn wir noch in Erwägung ziehen, dass damals Theophano, die Tochter eines Griechischen Kaisers auf dem Throne
sass, mit deren Regierung der oströmische Einfluss, welcher
sich bereits früher im Reiche geltend gemacht, und der sich vor allem
auch in der Beobachtung Byzantischer Hofetiquette äusserte,
öfters ausschliesslich massgebend wurde. [295]
Dass die pupurgeborene am Byzantinischen Hofe aufgewachsene
Tochter Romanus II bei der Bewerbung Otto II ihrem Verlangen
nach einem ähnlichen Hofstaate, wie ihn die Byzantinischen
Kaiserinnen besassen, [296] Ausdruck gegeben, scheint mir in hohem Grade
wahrscheinlich, wenn auch nichts hierüber überliefert worden ist.
Otto der II hat daher, um den Glanz des bereits bestehenden Institutes eigener Hofbeamten der Kaiserin zu erhöhen, das Amt des
Erzcanzlers der Kaiserin geschaffen bz. wieder neu belebt, wie es
ja bereits zur Merowingerzeit Canzler (referendarii) der Königinnen
gegeben hatte. [297] Und so dürfte auch die Annahme als gerechtfertigt erscheinen, dass der Kaiser sich desshalb beim Papste für
die Erhebung des Abtes zum Primaten verwandte, weil er wünschte,
dass der angesehenste Beamte der Kaiserin, [298] den er aus
der zweiten Stufe der Reichshierarchie erkoren, auch in kirchlicher Beziehung die höchste Würde einnehmen sollte,
wie sein Erzcanzler, der Mainzer Erzbischof, als der höchste Reichsbeamte alle geistlichen Kirchenfürsten an Ansehen übertraf.

Dass die Wahl des Kaisers gerade auf den Abt von Fulda fiel,
erklärt sich daraus, dass dieser als Vorsteher des durch das Grab des

mediae et infimae latinitatis, Parisiis 1840.) bringt I, 369 diesen Vorgang mit
dem Archicancellariat des Abtes in Verbindung: „Huno enim titulum (archicancellarii) cum praerogativa sedis Berthous I . . . . ceu a maioribus olim acceptum
sibi adscripsit. Waitz V. G. VI, 247 hat den Bericht des vetus scriptor
domesticus nicht beanstandet.

[296] Theophano urkundet selbstständig unter kaiserlichem Titel: „Theophanius
gratia divina imperator augustus", was keine Königin in eigentlichen Reichssachen
gethan, und zählt die Jahre imperii nostri. Waitz VI, 283. Ueber das am Hofe
Otto III herrschende Byzantinische Ceremoniell s. Waitz VI, 251 u. 275.

[296] Constantinos Porphyrogenitos, de ceremoniis aulae Byzantinae, Bonner
Ausg. p. 202 ff. Ein cancellarius bz. logotheta der Kaiserin ist allerdings nicht
erwähnt.

[297] S. Anmerk. 283.

[298] Verhandlungen mit Byzanz wegen der beabsichtigten Heirath wurden
schon 967 gepflogen. Jahrbücher d. deutschen Geschichte, Otto I, p. 422. — Im
Necrologium Fuldense (Dronke, antiqu. p. 181) ist zum Jahre 991 auch Thiophania imperatrix verzeichnet.

grossen Deutschenapostels hochangesehenen, an Reichthum und Glanz
keinem anderen Stifte nachstehenden exemten Klosters, bereits factisch
alle anderen königlichen Aebte an politischem und kirchlichem Einflusse weit überflügelt hatte.

Schliesslich möchte ich noch hinzufügen, dass diese Würde des
Abtes in der Bestätigungsurkunde ¡Karl IV vom Jahre 1356 **299** als
ein rechtlich seit Jahrhunderten bestehendes, unan-
fechtbares und factisch geübtes Privilegium ausdrücklich anerkannt wurde, und dass seit dieser Zeit von den
Fuldaer Fürstäbten und Fürstbischöfen der Titel Erzcanzler der
Kaiserin bis zur Auflösung des deutschen Reiches geführt worden ist.

299 Die Urkunde lautet im Auszug: Karolus IV .. Henrico (VI) Fuldensi
abbati, principi et consiliario gratiam suam . . . Cum eadem Fuld. ecclesia, sicut
multorum veridica et fidedigna relatione percepimus, inter cetera largitionum
munera . . illud praecipue obtinuerit, quod videlicet abbas Fuldensis
. . . cuiuslibet Romanorum imperatricis seu reginac archicancellarius existere debeat cum omnibus privilegii libertatibus . . quibus
archicancellarii imperatricum . . hactenus iure vel consuetudine freti sunt, . .
sicut tui praedecessores venerabiles abbates supradicti ecclesiae in possessione pacifica talis officii hactenus ab origine et
primaeva fundatione principatus et Fuldensis dominii persti-
terunt, etiam ab eo tempore, cuius contrarium in hominum memoria non consistit, (es konnte also damals nicht mehr constatirt werden,
wie alt eigentlich die Würde des Abtes sei) nos advertentes . . huius modi
privilegium . . sub omnibus modis et condicionibus . . approbamus . . ac etiam
de novo concedimus . . . . non obstante, quod forsitan litterae divorum imperatorum . . super huiusmodi gratiis . . editae per neglegentiam seu aliquod infor-
tuinum perditae sint vel amissae (Das Original bz. die Bestätigungsurkunden
der Erzcanzlerwürde des Abtes, welche höchst wahrscheinlich nicht im Staatsarchive, sondern im Privatarchive des Abtes deponirt waren, scheinen bei
dem Brande der Abtsburg 1331, von dem B. 321 und Schannat in der vita
Henrici VI l. c. p. 237 berichten, zu Grunde gegangen zu sein.) et in lucem
produci non valeant. — Et ne solum videamur approbari praeterita . .
sed ut . . novis gratiarum muneribus tuo respondeatur affectui et . . ecclesia
Fuldensis, generosa plantatio imperii, novis inclarescat donorum insigniis,
decernimus et hoc imperiali sancimus edicto, quod tu et omnes tui successores
. . perpetuo, dum et quotiens imperatricem vel reginam Romanorum coronari, aut in veste imperiali . . sedere vel stari contigerit, tu et dicti successores tui coronam suam, quotiens more
vel ordine poscente a capite ipsius deponi debuerit, et deponendi
eandem ac tenendi et etiam reponendi, quotiens necesse fuerit,
fungi debeatis officio, ut ex hoc dictum archicancellariatus officium nec
non insignis Fuldensis ecclesia, tamquam nobile membrum imperii, propensius ho-
noretur. S. B. II, 267—68 no. 174. ex authentico.

www.ingramcontent.com/pod-product-compliance
Lightning Source LLC
Chambersburg PA
CBHW020314090426
42735CB00009B/1340